교황 인류의 빛
요한 바오로 2세

교황 인류의 빛

요한 바오로 2세

은미희 지음

자음과모음

차례

1장
사랑하는 사람들을 잃다

축복받은 탄생

오, 주님.
당신을 믿는 이들에게 진실과 평화의 성령을 내리소서.
그리하여 그들로 하여금 온 영혼으로 당신을 알고,
당신이 기뻐하시는 일을 하며,
당신의 은혜를 즐기게 하소서.
우리 주 그리스도를 통하여,
아멘.
- 요한 바오로 2세 어록 중에서

　폴란드의 작은 마을 바도비체는 한가롭고도 평화로웠다. 주민이라고 해 봐야 고작 일만 명 정도의 작은 마을이었다. 그중 3분의 1은 유대인들이었다. 하지만 유대인이건 가톨릭교도건, 종교와 상관없이 그들은 모두 폴란드인이었고 바도비체 주민들이었다. 종교 때문에 서로 반목한다거나 편을 가르며 사는 일은 없었다. 종교가 다르기 이전에 그들은 모두 하나님의 말씀을 따르는 사람들이었고, 좋은 이웃이었다. 마을 사람들은 신앙심이 깊었고 조용했으며 사려가 깊었다. 또 그들은 친절하고 가족처럼 잘 어울려 지냈다.

길에서 만나면 흔연스럽게 웃으며 인사했고, 내 것 네 것 없이 서로 도우며 살았다. 지루할 만큼 평화로운 나날들이었다.

5월, 세상이 연록으로 물들어 갈 때, 바도비체의 어느 집에서는 가족들이 초조한 마음으로 새로운 탄생을 기다리고 있었다. 눈부신 5월의 따스한 햇살이 바도비체에 황금빛으로 쏟아져 내렸다.

에밀리아 카초로프스카는 아침부터 산통을 겪고 있었다. 그녀의 넓은 이마가 굵은 땀방울로 번들거리고, 그악스럽게 찾아오는 산통에 그녀의 미간이 접혔다 풀렸다를 반복했다. 극심한 진통이 찾아올 때마다 그녀는 성모 마리아를 찾았다.

"오, 성모 마리아여! 이 아이가 무사히 나오게 지켜 주시옵소서. 당신을 믿나이다. 이 아이를 지켜 주시옵소서."

기도 중간 중간 어쩔 수 없이 신음이 새어 나왔다. 그녀는 힘이 드는 듯 숨을 깊이 들이마셨다가 내쉬기를 반복하며 아이의 무사 출산을 기원했다.

리투아니아 출신인 그녀에게는 이미 두 명의 아이가 더 있었다. 큰아들 에드문트와 딸아이 하나. 출산을 기다리고 있는 이 아이는 그녀에게는 셋째였다. 하지만 딸은 이 아이가 태어나기 전에 하나님께서 데려가셨다. 때문에 그녀는 이 아이가 더욱 소중했다.

아이들은 하나님께서 주시는 선물이라고 생각하는 에밀리아는 누구보다도 아들과 남편을 사랑했다. 그래서 더욱 이 아이를 기다렸던 것이다.

그녀는 하급 군인인 남편이 받아 오는 월급으로 생활을 꾸려나가기가 넉넉지 않았지만 그래도 사랑 가득한 마음 때문에 행복했다.

에밀리아 카초로프스카는 삯바느질을 하며 살림에 보탬을 주었다. 그녀의 바느질 솜씨는 마을에서도 소문이 자자할 정도로 좋은 데다 조용한 성품 때문에 사람들은 그녀를 좋아했다. 그래서인지 일감이 끊이지 않았다. 그 덕분에 어려운 형편 속에서도 아들 에드문트는 구김살 없이 밝고 건강하게 자라 주었다. 카롤 보이티와는 아들에게 자애로운 아버지였고 그녀에게는 더없이 자상한 남편이었다.

에밀리아 카초로프스카는 마음이 풍요로우니 무엇 하나 부족한 것이 없었다. 설령 생활비를 넣어 두는 자그마한 병이 텅텅 비었어도 마음만은 늘 부자였다. 그런 탓에 그녀의 얼굴에는 항상 미소가 떠나지 않았다.

"힘을 줘요. 조금만 더! 곧 아이가 나오겠어요. 그러니 조금만, 조금만 더!"

산파는 에밀리아의 손을 잡고 그녀가 힘을 주도록 유도했다. 에밀리아는 산파의 말에 다시 아래로 힘을 실어 보냈다. 하지만 힘을 보낼 때마다 자지러질 듯한 통증이 너울처럼 자신을 덮쳐 왔다. 에밀리아는 금방이라도 숨이 끊어질 것만 같았다. 하지만 산통만 계속될 뿐 아이는 쉽게 나오지 않았다.

"오, 성모 마리여! 저에게 힘을 주세요. 이 아이가 무사히 나올 수 있도록 지켜 주세요."

에밀리아 카초로프스카는 고통 속에서 기도를 계속했다. 시간이 갈수록 그녀는 점점 지쳐 갔지만 그럴수록 더 간절한 마음으로 기도를 했다.

"잘하고 있으니 걱정하지 말아요. 이제 조금만 더 고생하면 되니 힘을 내요."

산파는 연신 에밀리아의 손을 쓰다듬으며 격려했다.

에밀리아 카초로프스카도 알았다. 한 생명의 탄생이 얼마나 어려운지 이미 두 명의 아이를 낳으면서 경험한 일이었다. 이것은 늘 고통과 축복이 함께하는 경이로운 일이라는 것을 누구보다 잘 알고 있었다.

그녀는 잠깐씩 산통이 가실 때마다 기도를 드렸다. 마리아여, 마리아여, 오, 마리아여. 이 아이를 지켜 주시옵소서. 기도를 할 때마다 산통이 줄어드는 것만 같았다. 그녀는 누구보다도 신앙심이 깊었다. 그리고 알고 있었다. 성모 마리아께서 이 아이를 지켜 주시리라는 사실을.

그녀는 숨을 길게 들이마셨다가 내쉬며 창문 쪽을 바라보았다. 그 창문에 5월의 햇살이 금빛으로 엉겨 있었다. 마치 하늘도 이 아이를 축복이라도 하는 듯했다.

그 환한 햇살을 보자 에밀리아 카초로프스카는 힘이 솟았다. 그때 산파의 목소리가 들렸다.

"힘을 내요. 할 수 있어요."

산파는 에밀리아의 손을 잡고 그녀를 독려했다. 또다시 산통이 너울처럼 온몸을 휩쓸었고, 에밀리아는 몸을 뒤틀며 신음을 토했다.

"조금만 더! 조금만 더 힘을 줘요. 조금만 더. 하나 둘! 하나 둘! 나를 따라 숨을 내쉬어요."

에밀리아 카초로프스카는 산파의 말을 구령삼아 숨을 훅훅 내쉬었다. 그런 그녀의 얼굴이 온통 땀으로 번들거렸다.

에밀리아가 산통을 겪고 있는 동안 방 밖에서는 남편 카롤 보이티와가 초조한 표정으로 아이의 탄생을 기다리고 있었다. 에밀리아가 고통에 찬 신음을 할 때마다 그는 두 손을 맞잡고 하나님을 찾았다.

카롤 보이티와 옆에서 에드문트는 금방이라도 울 듯한 표정으로 연신 방문을 힐금거렸다.

"얘야, 왜 그러니?"

카롤 보이티와가 아들을 보고 물었다.

"엄마가 많이 아프신가 봐요."

그 말에 아버지는 얼굴에 부드러운 미소를 담으며 말했다.

"오, 에드문트. 엄마가 걱정되는 모양이구나. 하지만 엄마는 지금 병이 나서 아픈 게 아냐. 네 동생이 나오려고 아픈 게야."

"동생이오?"

에드문트는 아버지 보이티와의 얼굴을 빤히 쳐다보며 되물었다.

"그래. 엄마는 지금 네 동생을 낳는 중이란다. 이제 너에게도 동생이 생기는 거야. 그러니까 동생한테 잘해 줘."

"네."

하지만 방에서 흘러나오는 산모의 고통스러운 신음이 에드문트의 대답을 덮어 버렸다.

에밀리아의 산통이 길어지고 있었다. 카롤 보이티와는 자리에서 일어나 방 안을 서성거렸다. 다른 두 명의 아이에 비해 시간이 많이 길어지고 있었다.

카롤 보이티와는 슬며시 아내가 걱정되기 시작했다. 다른 때에 비해 유난히 시간이 지체되고 있었기 때문이다. 평소에 아내는 신장이 좋지 않았다. 혹시 그것 때문에 잘못되는 것은 아닐까? 아이에게 문제가 있는 것은 아닐까? 하지만 그는 이내 고개를 흔들며 나쁜 생각을 털어 버렸다. 무얼 걱정하고 있단 말인가. 하나님이 계시는데. 하나님이 산모와 아이를 틀림없이 건강하게 지켜 주실 텐데, 공연한 걱정 따위는 하지 말자. 카롤 보이티와는 두 주먹을 불끈 쥐었다.

"잘할 수 있어요. 그러니까 힘내요. 벌써 두 명의 아이들을 순산 했지 않아요? 그러니까 이번에도 잘할 수 있어요."

산파는 에밀리아 카초로프스카에게 좀 더 힘을 내도록 주문했다. 땀에 흠뻑 젖은 에밀리아의 머리카락이 가닥가닥 뭉쳐져 베개로 어지럽게 흘러내렸다. 얼마나 힘이 들었는지 그녀의 눈가에는 눈물까지 맺혀 있었다.

"성모 마리아여! 이 아이가 무사히 세상에 나올 수 있도록 제발 지켜 주십시오."

에밀리아 카초로프스카는 또다시 기도를 올렸다. 하지만 목소리는 잠겨 나오지 않았다.

어느새 금빛으로 엉겨 있던 햇살은 힘을 잃은 채 물러가고 세상에는 슬금슬금 어스름이 깔리고 있었다.

시간이 지나면 지날수록 카롤 보이티와의 걱정도 늘어만 갔다. 손바닥에 땀이 고였다. 그는 땀이 고인 손바닥을 바지에 쓱 문질렀다. 땀이 닦인 흔적이 검은 자국으로 바지에 남았다.

얼마나 지났을까. 마침내 문이 열리고 늙은 산파의 얼굴이 나타났다. 얼굴에 거미줄 같은 주름이 깊게 패어 있는 그녀의 얼굴이 발갛게 상기돼 있었다.

카롤 보이티와는 문이 열리자마자 용수철이 튀듯이 자리에서 일어나 성큼 산파 앞으로 다가서며 물었다.

"아이는요? 아이는 건강한가요?"

"아들이에요. 건강한 아들입니다. 산모와 아들 모두 건강해요."

산파는 웃으며 대답했다. 그녀도 힘이 들었던지 이마에 굵은 땀이 맺혀 있었다.

"그럴 줄 알았어요. 그럴 줄 알았다니까요. 아이의 울음이 어찌나 우렁차던지 아들인 줄 알았어요. 오, 하나님. 감사합니다. 우리 가족 모두 하나님이 주신 은총에 깊이 감사를 드립니다."

카롤 보이티와는 두 손을 맞잡은 채 무릎을 꿇고 하나님께 감사 기도를 드렸다. 그 옆에서 에드문트도 동생이 궁금한 듯 발뒤꿈치를 들고 문틈 사이로 방 안을 들여다보았다. 하지만 산파가 다시 방으로 들어가면서 이내 문은 닫혀 버렸다.

카롤 보이티와는 에드문트의 양 어깨를 잡고 흥분한 목소리로 말했다.

"에드문트, 이제 너에게 동생이 생겼단다. 남동생이야. 그러니 앞으로 사이좋게 지내야 한다. 네가 형이니까 동생을 귀여워해야 한다. 알겠지? 지금까지 잘했지만 앞으로는 더 잘해야 할 게야."

에드문트는 아버지의 말에 고개를 끄덕였다. 방금 태어난 동생 때문인지 에드문트는 그새 어른스러운 표정을 지었다.

다시 방문이 열리고 산파가 카롤 보이티와를 불렀다.

"이제 들어와도 돼요."

카롤 보이티와는 기다렸다는 듯 빠른 걸음을 놓아 방 안으로 들어갔다. 땀에 흠뻑 젖은 에밀리아 카초로프스카가 환한 미소를 지으며 방으로 들어서는 남편을 그윽한 눈빛으로 맞았다.

"아들이에요."

에밀리아가 웃으며 이야기했다.

"오, 에밀리아. 수고했어요."

"당신을 닮았어요."

에밀리아의 얼굴은 땀으로 범벅이 돼 있었지만 스스로 퍽 자랑스러워하는 표정이었다.

카롤 보이티와는 요람에 누워 있는 작은 아이를 바라보았다. 매번 그렇지만 그 작디작은 몸에 있을 거는 다 있었다. 작은 팔, 작은 다리, 작은 손가락과 작은 발가락, 그리고 눈코입귀까지. 게다가 막 태어난 아이인데도 이목구비가 선명했다.

아이는 마치 아버지를 안다는 듯 빙긋 웃었다.

"아이가 웃었어요. 당신을 알아보나 봐요."

에밀리아가 사랑스러운 눈으로 아이를 바라보며 이야기했다.

카롤 보이티와는 신기한 듯 요람 속에 누워 있는 아이를 들여다보고 또 들여다봤다. 자그마한 손을 꼭 쥔 채 잠에 빠져 있는 아이의 표정이 평온해 보였다. 그리고 꿈이라도 꾸는 듯 입가에 연신 웃음이 담겼다 사라졌다.

"어쩜 이리 작을까. 막 태어났는데도 참 잘생겼네."

새삼 신기하다는 듯 카롤 보이티와는 혼잣말로 중얼거렸다.

"이 아이는 우리에게 축복이에요."

에밀리아가 아이를 바라보며 이야기했다. 카롤 보이티와는 고개를 끄덕였다.

"그래요. 이 아이는 하나님이 우리에게 주신 선물이에요."

카롤 보이티와는 아이를 가만히 내려다보고 있다가 입을 뗐다.

"이 아이의 이름을 카롤 유제프 보이티와로 합시다. 어떻소?"

"좋아요. 당신 이름을 딴, 카롤 유제프 보이티와, 부르기도 좋아요."

"카롤 유제프 보이티와, 이게 네 이름이란다."

남편 카롤 보이티와는 요람에 누워 있는 아이의 이름을 불렀다. 아이가 방긋 웃었다. 그 모양이 마치 자신의 이름을 아는 것 같았다.

"이 아이도 자신의 이름을 아는 모양이구려."

에밀리아 카초로프스카와 카롤 보이티와는 서로 얼굴을 마주 보며 웃었다.

그때 문이 열리며 형 에드문트가 쭈뼛거리며 들어섰다.

"오, 에드문트. 이리 오너라. 네 동생이야. 이름이 카롤 유제프 보이티와다."

에밀리아의 말에 에드문트는 동생 곁으로 다가왔다. 에드문트는 작은 아이가 신기한 듯 갓난아이에게서 눈길을 떼지 못했다.

"안녕? 카롤 유제프 보이티와. 난 네 형 에드문트야."

이번에도 신기하게 막 태어난 아이가 빙긋 웃어 보였다.

"아이가 웃었어요! 나를 보고 웃었어요!"

에드문트는 자신을 보고 웃는 아이가 신기한 듯 달뜬 소리로 어머니 아버지를 바라보며 낮게 소리쳤다.

"그래, 너를 아는 모양이구나."

아버지가 웃으면서 대답했다.

방 안의 불빛이 온 가족의 얼굴에 그림자를 만들었다. 요람 속에 있는 아이의 얼굴에 불빛이 따스하게 내려앉았다.

꿈이 많은 소년

아무도 진실을 받아들이라고 강요받아서는 안 된다.
사람은 오직 자신의 자유를 좇아서
진실 쪽으로 가야 한다.
진지하게 진실을 추구하고,
그렇게 찾은 진실을 본인의 확신과 행동으로 붙잡을 자유!
희망의 문턱을 넘어.
- 요한 바오로 2세 어록 중에서

카롤 유제프 보이티와는 어머니 에밀리아 카초로프스카의 극진한 보살핌과 아버지 카롤 보이티와의 사랑을 받으며 건강하게 자랐다. 형 에드문트 역시 동생 카롤 유제프 보이티와를 아꼈다.

어머니는 사랑이 넘치는 사람이었고, 군인인 아버지는 예의 바른 사람이었다. 어머니는 깊은 신앙을 바탕으로 아이들을 키웠고, 아버지는 신뢰와 엄격함으로 아이들을 가르쳤다.

에밀리아와 카롤 보이티와는 공평했다. 어떤 한 아이에게만 치우친 사랑을 주지 않고 두 아이에게 골고루 나누어 주었다. 그리고 정의롭고도 따뜻한 사람이 되라고 늘 아이들에게 주문했다. 어려운 이웃을 돕고, 친구들과도 잘 지내는 아이들이 되라고 가르쳤다.

에드문트와 카롤 유제프 보이티와는 그런 부모님의 가르침 덕분에 밝고 건강하게 자랐다. 특히 카롤 유제프 보이티와는 가족의 자랑이었다. 어리지만 못하는 게 없었고, 총명하고 예의가 발랐다.

이웃 사람들은 그런 카롤 유제프 보이티와를 귀여워하고 그런 아이를 둔 부모를 부러워했다.

"어쩜, 저렇게 의젓할 수가 있을까."

"그러게요. 저런 아들 하나만 있으면 세상이 부럽지 않겠어요. 글쎄 저런 아들을 둔 사람들은 복이 많은 사람들이지요."

"하긴 저 집의 형도 동생 못지않게 착하고 영특하지요. 인사성도 밝아 어른들을 만나면 인사를 빼먹는 법이 없어요."

사람들은 항상 카롤 유제프 보이티와를 입에 올렸다가 나중에는 형 에드문트와 그의 부모에게로 이야기를 옮겨 가며 칭찬을 아끼지 않았다.

마을 사람들이 얘기하듯이 카롤 유제프 보이티와는 활달하고 낙천적이었으며, 총명했고 또 장난꾸러기였다.

어머니는 카롤 유제프 보이티와를 작은 꼬마라는 뜻으로 '롤루시'라고 불렀다. 하지만 친구들은 롤루시에서 한 발 더 나아가 폴란드 전래 동화에 나오는 주인공 이름을 따 '롤렉'이라고 불렀다.

롤렉이 있으면 늘 분위기가 밝고 재밌었다. 친구들은 그런 롤렉을 좋아했다.

어느 날 학교가 파해 집으로 오는데 뒤에서 한 친구가 롤렉을 불렀다.

"롤렉, 오늘도 우리 집에 음악 들으러 올 거지?"

예지 클루거였다. 롤렉은 예지를 유렉이라고 불렀다. 유렉은 유대인이었지만 롤렉에게는 가장 친한 친구였다.

"그래. 그보다 먼저 우리 집에 가서 얼른 숙제 끝내고 너희 집에 가서 음악도 듣고 축구도 하자."

롤렉은 유렉을 보며 의젓하게 말했다.

"좋아."

말이 끝나자마자 누가 하자고 하지 않았는데도 둘은 달리기 시작했다. 마치 시합이라도 하는 듯 온 힘을 다해 달렸다. 롤렉이 앞서 가다가 어느 순간 유렉이 롤렉을 제치고 앞으로 나아갔다. 하지만 이내 롤렉이 유렉을 따라잡으며 앞서 달려 나갔다. 그렇게 둘은 서로 엎치락뒤치락 선두를 빼앗고 내주며 한참을 달렸다. 하지만 누구 한 명이 크게 앞서 나가지 못했다. 약속이라도 한 듯 늘 비슷비슷했다.

그러다 롤렉이 거친 숨을 몰아쉬며 달리기를 멈췄다.

"그만해. 아휴, 숨차."

"그래."

유렉도 자리에 멈춰 서서는 두 손으로 무릎을 짚은 채 가쁜 숨을 골랐다. 둘의 얼굴이 벌겋게 달아올랐고 땀으로 뒤범벅이었다. 둘은 한참 동안 헉헉거리다가 어느 순간 서로의 얼굴을 바라보며 환하게 웃었다.

"조금만 더 하면 이길 수 있었는데."

"나도."

그러고는 다시 웃었다.

"다시 할래?"

롤렉이 물었고, 유렉이 손을 거칠게 저었다.

"아니야, 됐어."

둘은 서로의 얼굴을 바라보며 큰 소리로 웃었다.

"가자."

롤렉이 흘러내리는 땀을 쓱 손등으로 닦으며 가방을 챙겼다.

둘은 학교가 파하면 늘 롤렉의 집에서 함께 숙제를 했다. 롤렉의 아버지가 숙제를 도와주었기 때문이었다. 어려운 수학 문제도 롤렉의 아버지는 화를 내는 일 없이 친절하고 참을성 있게 가르쳐 주었다. 둘이 문제를 다 풀 때까지 기다려 주고 그래도 풀지 못하면 알 때까지 차근차근 설명해 주었다.

그렇게 숙제가 끝나면 롤렉은 유렉의 집으로 가 라디오를 들었다. 유렉의 집은 부유했다. 그의 아버지는 변호사였는데, 비도비체 유대인 공동체 회장을 맡고 있었다. 게다가 유렉의 아버지는 현악 사중주단의 지휘를 맡고 있었다.

라디오에서는 유렉의 아버지가 지휘하는 현악 사중주의 연주곡이 흘러나왔다. 감미로운 현악기의 음률은 롤렉을 행복하게 만들었다.

롤렉은 실눈을 뜨고 라디오에서 흘러나오는 사중주를 들었다. 음악은 들어도 들어도 싫증나지 않는 것이 이상했다. 아니 오히려 들을수록 더 깊이 빠져들었다. 때로는 옆에서 유렉이 말을 걸어도 모를 정도로 푹 빠져 있었다. 유렉이 장난처럼 롤렉의 귀에 입을 대고 큰 소리로 불러야 롤렉은 깜짝 놀라며 생각에서 빠져나왔다.

"도대체 무슨 생각을 했던 거야?"

롤렉의 얼굴을 빤히 바라보며 유렉이 물었다.

"이런저런 생각."

유렉의 물음에 롤렉은 민망한 듯 입가에 멋쩍은 웃음을 지으며 대답했다.

"그러니까 어떤 생각인데?"

"음악을 듣고 있노라면 머릿속에서 어떤 풍경이 그려져. 어느 대목에서는 잔잔한 호수가 그려지기도 하고, 또 어느 대목에서는 파도가 너울대는 바다가 그려지기도 해. 어느 대목에서는 나비가 춤을 추는 것 같기도 하고."

"어휴, 너는 도대체 못하는 게 뭐니?"

유렉의 말에 롤렉은 씩 웃었다.

유렉의 말처럼 롤렉은 못하는 것이 없었다. 문학에도 재능이 있었고 운동도 잘했으며 공부도 잘했다. 친구들은 모든 걸 척척 잘하는 롤렉을 좋아했고 잘 따랐다.

"나, 너한테 부탁이 있어."

"뭔데?"

롤렉의 말에 유렉이 궁금한 표정으로 물었다.

"네 아버지가 지휘하는 모습을 직접 보고 싶어."

"그게 뭐 어려운 일이라고. 알았어. 언제 아버지에게 우리를 연주회장에 데려가 달라고 부탁해 볼게."

"정말이야?"

롤렉은 눈을 빛내며 유렉을 바라보았다. 유렉을 보는 롤렉의 표정이 여느 때 같지 않게 간절했다.

"그래. 네 아버지는 언제나 내 숙제를 도와주시잖니. 그런 네 아버지에게 우리 아버지는 늘 미안해하고 고마워하셔. 아마 네가 직접 음악을 듣고 싶어 한다고 말씀드리면 오히려 좋아하실 거야."

"그럼, 부탁할게. 정말이야. 진작부터 직접 들어 보고 싶었어. 어쩜 그렇게 아름다운 소리를 낼 수 있을까?"

"그래? 넌 음악이 좋으니? 난 잘 모르겠어."

롤렉의 말에 유렉은 심드렁한 표정으로 말했다.

"나도 음악가가 되고 싶어. 그러나 우리 집은 형편이 넉넉지 않아서 음악가가 되는 것은 무리야. 하지만 실망은 안 해. 대신 시인이 되는 것도 나쁘지 않으니까. 아름다운 것을 보고, 아름다운 생각을 하고, 그것들을 표현하는 거, 근사하지 않아?"

"그래, 너는 뭐든 할 수 있을 거야. 롤렉. 너는 다 잘하잖아. 축구도 잘하고, 시도 잘 짓고, 또 음악도 좋아하잖아. 나는 네가 부러워."

롤렉과 유렉은 마주 보며 웃었다.

유렉의 아버지는 바도비체에서 유대인 공동체 회장을 맡을 만큼 영향력이 있는 인물이었다. 거기다 아주 신실한 유대교인이었다. 하지만 종교 같은 것은 둘 사이에 아무런 문제가 되지 않았다.

유렉뿐이 아니었다. 롤렉에게는 유대인 친구들이 많았다. 그의 가족이 세 들어 살고 있는 집도 주인이 유대인이었고, 같은 반인 지그문트와 레오폴드 역시 유대인이었으며, 위층에 사는 여자 친구 진카도 유대인이었다. 극장에서 만난 진카는 롤렉보다 나이가 더 많았다.

그 친구들과 다른 것은 카롤 유제프 보이티와는 가톨릭을 믿는다는 것이었다.

가톨릭과 유대교는 다 같이 하나님을 믿지만 유대교는 예수 그리스도를 하나님의 아들이자 인류를 구원하러 온 구세주로 인정하지 않았다. 게다가 유대교는 자신들만 하나님께 선택받았다는 특별한 선민의식을 가지고 있었다. 그런 만큼 유대교는 하나님의 율법을 철저하게 따랐다. 하지만 가톨릭은 예수와 예수를 낳은 마리아를 인정했다.

가톨릭 신자였던 롤렉의 어머니와 아버지는 신앙심이 깊었다. 롤렉 역시 부모의 영향으로 신앙심이 깊은 아이로 자랐다. 그렇다고 종교를 이유로 친구들과 편을 갈라 놀지는 않았다. 롤렉은 유대교 친구들과도 소중한 우정을 키워 나갔다.

롤렉은 어머니가 가르쳐 준 대로 그 모두가 성모 마리아와 하나님의 은총이라고 생각했다. 친구들과 별 탈 없이 잘 지낼 수 있는 것도, 훌륭한 부모님, 그리고 자신보다 훨씬 더 의젓한 형 에드문트가 있는 것도 두말할 나위 없이 하나님과 성모 마리아의 덕분이라고 생각했다.

어느 날 저녁이었다. 그날 역시 롤렉의 가족은 오붓하게 식탁에 둘러앉아 서로 낮 동안 있었던 일을 이야기하며 하루를 정리하고 있었다. 담백한 빵에 수프가 전부인 조촐한 식탁이었다. 음식은 소박했지만 웃음만큼은 푸졌다.

"저는 오늘 선생님에게 시험을 잘 봤다고 칭찬받았어요."

"오, 잘했구나. 에드문트. 참으로 네가 자랑스럽구나."

에밀리아 카초로프스카는 웃으면서 에드문트를 칭찬했다.

"그래, 위층 아주머니도 에드문트를 칭찬하더구나. 인사성이 밝다고 말이다."

아버지도 어머니의 말을 거들었다. 하지만 롤렉은 아무 말 없이 빵조각만 입으로 가져갔다. 촉 낮은 전등 불빛이 롤렉의 얼굴에 얼룩을 만들었고, 그 얼룩으로 롤렉의 표정이 더욱 고집스러워 보였다.

"그래, 어른들께 인사하는 거는 잊지 말아야 한다. 알았지? 칭찬받기 위해서가 아니라 어른은 공경해야 해. 한데 롤루시. 너는 오늘 무슨 일이 있었니?"

어머니 에밀리아가 롤렉의 접시 위에 콩을 얹어 주며 다정스럽게 물었다. 하지만 롤렉은 여전히 입을 꾹 다문 채 대답하지 않았다.

"그래, 우리 막내 이야기를 들어 보자꾸나. 오늘은 무슨 일이 있었니?"

아버지가 환하게 웃으며 롤렉을 건너다보았다. 아버지가 채근했지만 롤렉은 절대 말하지 않겠다는 듯 입술을 꼭 감쳐물고는 고개를 저었다. 그 모양에 아버지가 웃었다. 어머니와 형도 그런 롤렉을 지켜보며 계속 말을 시켰다. 형 에드문트의 표정은 사뭇 짓궂어 보이기까지 했다.

"그래, 막내야. 말해 봐. 항상 말할 것이 많던 사람이 바로 너 막내잖아?"

가족들의 시선이 롤렉에게로 모아졌다. 그럴수록 롤렉의 표정이 굳어졌다.

"왜? 도대체 무슨 일 있었니?"

그제야 막내가 다른 때 같지 않다는 사실을 안 어머니가 걱정스런 얼굴로 롤렉의 표정을 살피며 물었다. 롤렉은 대답 대신 세게 머리를 가로저었다.

"말해 보렴. 오늘 무슨 일 있었니?"

이번에는 아버지가 다정하게 롤렉을 바라보며 채근했다.

"아니에요. 아무 일도 없었어요."

짐짓 롤렉이 짜증 섞인 소리로 불퉁스럽게 대답했다.

"어? 이 상처는 웬 거야?"

그때 롤렉의 귀 밑에 생긴 상처를 보고 에드문트가 낮게 소리를 질렀다.

"아무것도 아니야. 그냥 축구하다 다친 거야."

황급히 상처를 손으로 가리며 롤렉이 퉁명스럽게 대답했다. 롤렉은 축구를 좋아했다. 그래서 조금의 시간만 나면 동네에서 친구들과 축구를 하거나 공을 가지고 놀았다.

"축구 때문에 생긴 상처가 아닌 것 같은데? 이건 분명히 손톱자국이라고."

에드문트는 롤렉의 귀밑에 생긴 상처를 보며 호들갑스럽게 이야기했다. 롤렉은 그런 형을 얄미운 듯 노려보았다.

"어디 보자."

어머니가 걱정스러운 얼굴로 롤렉의 상처를 살피자 롤렉은 고개를 푹 떨어뜨렸다. 그러고는 굳어져 있던 표정이 허물어지더니 얼굴이 붉게 상기됐다.

"싸웠니?"

"……."

어머니의 물음에 롤렉은 금방이라도 울 듯한 표정을 지었다.

"그래. 아이들은 싸우면서 큰단다. 하지만 거짓말은 나빠. 한 번 거짓말을 시작하면 계속해서 거짓말을 하게 되지. 거짓말이 거짓말을 낳고, 거짓말이 또 다른 거짓말을 낳고, 다른 거짓말은 또 다른 거짓말을 낳아. 한 번 내뱉은 거짓말을 감추기 위해서는 점점 더 큰 거짓말이 필요하지. 그게 거짓말의 속성이야. 그러니 거짓말은 안 돼. 싸우는 것보다 거짓말이 더 나쁘단다. 알았니?"

아버지가 부드러운 음성으로 롤렉을 나무랐다.

사실 카롤 유제프 보이티와, 그러니까 롤렉은 오늘 낮에 친구들과 가벼운 몸싸움을 했었다.

여느 날과 다름없이 집 앞에서 지그문트와 레오폴드, 그리고 폴테크와 함께 공을 차며 놀고 있었다. 한데 다리를 저는 한 아이가 몹시 부러운 얼굴로 친구들의 공놀이를 구경하고 있었다. 유난히 얼굴이 하얀 그 아이의 한쪽 다리는 건강한 다른 한쪽보다 가늘고 짧았다. 롤렉은 그 아이가 안쓰러웠다. 다리가 아픈 건 그 아이의 잘못이 아니었다. 누구라도 그 아이처럼 아플 수 있었다. 게다가 하나님은 가난하고 낮은 사람일수록 더욱 사랑하신다고 어머니가 말씀하시지 않았던가. 튼튼한 다리를 가진 자신들이 그 아이를 도와야 한다고 롤렉은 생각했다.

롤렉은 한 가지 제안을 했다. 햇빛에 그을려 구릿빛을 띤 롤렉의 얼굴에 땀방울이 흘러내렸다.

"저 아이랑 함께 놀자."

롤렉의 말에 아이들의 시선이 벽에 등을 기댄 채 자신들을 부러운 얼굴로 바라보고 서 있는 아이에게 향했다.

"저 다리로 어떻게 뛴단 말이야?"

아이들은 다들 곤란하다는 표정을 지었다. 아이들의 걱정에 롤렉 역시 잠시 난감한 표정을 짓더니 이내 대답했다.

"골키퍼는 할 수 있지 않을까?"

"저 다리로 어떻게 골키퍼를 할 수 있어?"

"그래도 뛰는 거보다는 낫지 않아?"

"저 다리로는 무리지 않겠어?"

"괜찮아."

"하지만……."

친구들은 자꾸 주저했다. 하지만 롤렉은 물러서지 않았다.

"저 아이는 우리와 같아. 다리를 조금 절지만 그건 저 아이가 잘못해서가 아니야. 우리들 가운데 누구라도 저 아이처럼 될 수 있었어. 그런데 감사하게도 우린 건강한 다리를 가지고 태어났어. 그러니 감사한 마음으로 저 친구의 마음을 감싸 줘야지."

롤렉의 말에 친구들은 마지못해 고개를 끄덕였다. 그 모습에 진카가 웃어 보였다. 진카는 집주인의 딸이었다.

하지만 다른 아이 한 명이 그 아이를 슬쩍 밀쳤다. 그걸 본 롤렉이 달려가 그 아이를 일으켜 세우며 밀친 아이에게 말했다.

"사과해."

"싫어."

"사과해."

"싫어!"

그 아이는 롤렉의 말에 대들듯 대답했다. 그러고는 화가 난 표정으로 롤렉을 휙 밀쳤다. 롤렉 역시 한 손으로 그 아이의 어깨를 밀쳤다. 둘 사이의 분위기가 험악해지자 친구들이 달려와 둘을 말렸다. 그때 그 아이의 손이 롤렉의 귀밑을 훑었고, 롤렉의 귀밑에 깊은 손톱자국이 남게 되었다.

롤렉은 시무룩한 표정으로 낮에 일어난 일을 이야기했다.

"한 아이가 다리가 아픈 아이를 괴롭혔단 말예요. 그래서……."

"그래. 하지만 싸우지 말고 말로 설득했으면 더 좋았을 뻔했구나. 하나님은 네 마음을 알아주실 거야. 그리고 네가 기도하면 아마 하나님께서 들어주실 거다. 너는 착한 아이니까 말이다. 하나님은 착한 아이의 말은 다 들어주시거든. 그러니 기도하렴. 그 아이가 다리가 아픈 아이를 사랑할 수 있도록 말이야."

어머니의 말에 롤렉은 가만히 고개를 끄덕였다.

"자, 식기 전에 감사 기도 드리고 먹자꾸나."

아버지의 말에 가족들은 경건한 표정으로 두 손을 모으고 아버지의 기도에 귀를 기울였다.

"하나님, 감사합니다. 오늘도 우리 가족 아무 탈 없이 하루를 보내게 해 주심을 감사하나이다. 이렇게 일용한 양식을 주심도 감사드립니다. 이 양식을 통해 더 건강하고 더 지혜롭게 살 수 있도록 해 주십시오. 사랑이 넘치는 사람이 되도록 해 주십시오. 늘 하나님의 말씀 안에서 살 수 있도록 지켜 주시기를 간절히 원합니다. 아멘."

"아멘."

"아멘."

어느 때보다 아버지 카롤 보이티와의 기도가 길었다. 롤렉은 두 손을 맞잡고 아버지의 기도에 자신의 마음을 실어 기도했다.

가족들과의 식사 시간은 언제나 즐겁고 따듯했다. 어린 롤렉은 가족들이 있어 참으로 든든했다. 어머니가 자주 편찮으신 것만 빼면 걱정할 게 없었다.

평소 신장이 좋지 않던 어머니는 근래 들어 더 자주 몸이 아프셨다. 하지만 당신이 아프다고 집안일을 게을리 하거나 동네 사람들이 맡긴 삯바느질 일감을 미루지 않았다. 아프면 좀 쉬었다 해도 좋으련만 어머니는 당신 몸 편하자고 약속을 어기지 않았다. 아버지가 쉬라고 만류해도 어머니는 웃으며 대답했다.

"저는 괜찮아요. 이건 뭐 어려운 일도 아닌데요. 가만히 앉아서 바느질하는 거라 괜찮아요."

"그래도 잠을 설쳐 가면서까지 하는 건 문제가 있잖소?"

"알았어요. 무리가 가지 않게 조심할 테니 너무 걱정하지 말아요."

어머니는 그렇게 말씀하셨지만 가끔 어쩔 수 없이 힘이 든다는 듯 허리를 펴며 신음을 입안으로 삼켰다.

그것만 아니라면 롤렉은 걱정할 게 없었다. 아니, 롤렉뿐만이 아니었다. 아버지와 형 역시 어머니의 병을 염려하며 어머니의 일을 도와드리려 애를 썼다.

롤렉은 자기 전에 침대 밑에 내려와 무릎을 꿇은 채 두 손을 가지런히 모아 침대 위에 올려놓고 기도를 드렸다.

"하나님, 오늘 친구와 싸운 것을 용서하여 주십시오. 그리고 다리가 아픈 친구가 부디 상처받지 않게 하나님께서 그 아이의 마음을 어루만져 주십시오. 그리고 다음부터는 친구들이 그 아이와 친하게 지낼 수 있도록 도와주십시오. 성모 마리아여. 간절한 소원이 있습니다. 어머니의 병이 낫게 해 주세요."

롤렉의 기도는 길고도 길었다. 창문을 통해 스며든 달빛이 어린 롤렉의 머리에 가만히 내려앉았다. 그 달빛에 롤렉의 검은 머리카락이 반짝였다.

어머니와 형 에드문트와의 이별

시대와 세대를 거치면서
우리는 고통 속에
신비로운 힘이 숨어 있음을 확인하였습니다.
고통을 겪는 것은 인간이 내적으로
그리스도를 닮아 가는 과정으로,
특별한 은총이 아닐 수 없습니다.
- 요한 바오로 2세 어록 중에서

롤렉의 간절한 기도에도 불구하고 어머니의 병은 갈수록 깊어
만 갔다. 하지만 롤렉과 가족들은 희망을 잃지 않았다. 하나님이 저
희들을 지켜 주실 거라는 믿음이 있었고, 어머니 역시 몸은 아팠지만
늘 밝은 표정이었다. 게다가 몸이 아프다는 이유로 바느질감을 맡긴
마을 사람들과의 약속을 어긴 적도 없었다. 그럴수록 더욱 세심하게
일을 하고, 다 하고 나서도 행여 어느 한군데 실수한 곳이 없나 꼼꼼
하게 살폈다. 아버지 카롤 보이티와는 그런 아내가 걱정이었다.

더 이상 일감을 맡지 말고 쉬면서 건강만 신경 쓰라는 가족들의

권유에도 어머니는 웃으며 말했다.

"어떻게 그분들의 부탁을 거절하겠어요? 고맙게도 일부러 우리 집까지 일감을 가지고 와 부탁하시는데, 거절한다면 미안한 일이에요. 그냥 가만히 앉아서 할 수 있으니 해야지요. 아프다고 가만히 있다면 그것도 못할 일이에요."

어머니의 얼굴이 부숭부숭 부어 있었다. 한눈에 보기에도 어머니의 건강은 이전보다 많이 안 좋아 보였다. 하지만 어머니는 아프다고 짜증을 부리거나 자신이 해야 할 일을 방기하지 않았다. 그 몸으로 집안일을 돌보았고, 마을 사람들이 가지고 온 삯바느질을 했고, 아이들의 이야기를 귀담아들어 주었으며, 남편 카롤 보이티와가 퇴근해 들어오면 웃는 얼굴로 맞이해 주었다.

가족들은 그렇게라도 어머니가 자신들 옆에 계신 것을 감사해했다. 그렇게라도 오랫동안 그들 곁에 있어 주기를 바랐다.

그렇게 하루하루가 흘러갔다. 롤렉은 여전히 친구들과 축구를 하고, 유렉의 집에서 라디오를 듣고, 또 자신의 집에서 유렉과 함께 숙제를 했다.

하루하루 키가 커 가듯 롤렉의 꿈도 날이 갈수록 늘었다. 라디오를 통해 음악을 듣고 있노라면 음악가가 되고 싶었고, 축구를 하다 보면 운동선수가 되고 싶었다. 또 책을 읽다 보면 이번엔 시인이나 문학가가 되고 싶었고, 거리에 붙은 연극 공연 포스터를 보면 연극 연출이나 배우가 되고 싶었다.

꿈은 꾸는 것만으로도 근사했다. 꿈을 꾸고 있노라면 마치 자신이 음악가가 된 듯했고, 운동선수가 된 듯했고, 시인이 된 듯했고, 배우로 무대 위에 서 있는 듯했다.

롤렉, 그러니까 카롤 유제프 보이티와는 행복했다. 언젠가는 그것들 가운데 하나가 되어 있을 터였다.

과연 자신은 크면 뭐가 될까? 하지만 꿈은 꾸는 것만으로는 되지 않는다는 사실을 롤렉은 알았다. 그 꿈을 이루기 위해서는 지금부터 부지런히 공부를 하지 않으면 안 된다는 사실도 알았다.

카롤 유제프 보이티와는 열심히 공부했다. 열심히 놀았다. 그리고 열심히 꿈을 향해 나아갔다. 가족들과 마을 사람들은 그런 그를 칭찬하고 사랑했다.

카롤은 정말 자신의 꿈을 이루고 싶었다. 자신이 하고 싶은 일을 하는 것, 그것만큼 근사한 일은 없을 것이며, 그것만큼 또 신나는 일도 없을 터였다. 그런 마음으로 카롤은 누가 시키지 않아도 자신의 꿈을 위해 한 발 한 발 나아가는 아이였다.

1929년 4월 19일이었다. 카롤은 학교 수업을 마치고 집으로 돌아오고 있었다. 나무들은 벌써 푸릇푸릇 푸른 물이 돌고 있었고 길가에는 앙증맞은 꽃들이 졸듯 피어 있었다. 봄이었다. 새로운 생명으로 넘쳐나는 생동의 봄이었다.

　카롤은 양팔을 벌리고 가슴을 내밀며 하늘을 향해 고개를 쳐들었다. 봄의 기운이, 봄의 환한 햇빛이 들숨을 통해 자신의 몸 안으로 빨려 들어왔다. 햇빛이 환한 박하 향처럼 몸 안으로 상쾌하게 퍼졌다. 조금만 그 햇빛 아래 있으면 제 몸 어디에선가 푸른 이파리 하나가 돋아날 것만 같았다. 그런 상상을 하니 저도 모르게 빙긋 웃음이 나왔다. 카롤은 할 수만 있다면 이 봄의 기운을 어머니에게도 나누어 드리고 싶었다. 그러면 어머니도 몸 안에 깃든 병을 털어내고 다시 일어설 수도 있을 것만 같았다.

　카롤은 정말 할 수만 있다면 그렇게 하고 싶었다. 이 생명의 기운을 어머니에게 불어넣어 드릴 수만 있다면 어머니는 언제 그랬냐는 듯 툭툭 병을 털고 일어나 환한 얼굴로 다시 세상을 살아갈 수 있으리라.

　카롤은 길가에 피어 있는 작은 꽃 한 송이를 꺾었다. 꽃잎이 손톱보다 작고 보랏빛을 띤 작은 꽃이었다. 카롤은 그 꽃을 어머니에게 드리고 싶었다. 한겨울 동안 그악스러운 추위를 이기고 환하게 꽃망울을 터뜨린 이 꽃처럼 어머니가 다시 환하게 피어나셨으면 좋겠다고 생각했다. 카롤은 꽃을 드리면서 어머니에게 이 꽃처럼 피어나라고 주문하고 싶었다.

　한편 카롤은 어머니에게 드릴 꽃을 꺾으면서 그 꽃에게 미안해

했다.

　"미안해. 너도 생명이 있는 것인데 이렇게 꺾어서. 하지만 엄마에게 봄을 보여 주고 싶어. 지금 우리 엄마는 많이 아프단다. 아마도 너를 가져다 드리면 매우 행복해하실 거야. 그러니 넌 너를 희생함으로써 다른 생명에게 기쁨을 주는 것이니 세상에 나와 네 할 일을 다한 것이 되지 않겠니? 미안해."

　카롤은 행여 그 꽃이 시들세라 조심조심하며 집으로 향했다. 그 꽃이 상할까 봐 다른 날처럼 뛰지도 않고 걸었다.

　꽃을 손에 든 카롤은 기분이 좋았다. 어머니가 이 꽃을 받으시면서 어떤 표정을 지으실까? 이 꽃처럼 환하게 웃으실까? 아니면 꽃을 꺾었다고 야단을 치실까? 야단을 치셔도 상관없었다. 카롤은 걸음을 재촉했다.

　그날도 어김없이 학교에서 집으로 돌아가는 길목에 있는 벤치에는 유렉의 할머니 후페르트 부인이 앉아 있었다. 언제나처럼 그 옆에는 프로초프니크 신부님이 있었고, 두 분이서 해바라기를 하며 나직나직 이야기를 나누고 있었다. 유렉의 할머니는 유대인이었지만 매일처럼 신부님과 중앙 광장을 산책하고는 잠시 그곳 벤치에 앉아 쉬면서 이런저런 이야기를 나누었다.

　유렉의 할머니는 귀가 어두웠다. 그런 탓에 대화를 하려면 큰 소리로 해야만 했다.

"오늘은 참 날이 좋으네요."

카롤은 모자를 벗고 할머니와 신부님께 인사를 했다.

"오, 그래. 롤렉이구나. 꽃이 참 예쁘구나."

할머니는 카롤이 들고 있는 꽃을 바라보며 말했다.

"네, 할머니. 꽃이 참 예쁘지요? 어머니 갖다 드릴 거예요."

"그래? 어머니가 좋아하시겠구나."

"네. 아마도 그러실 거예요."

카롤은 의기양양한 표정으로 꽃과 할머니를 번갈아 바라보았다.

"그래. 어머니께 꽃 갖다 드리고 집에 놀러 오려무나. 유렉이 기다리고 있을 게야."

"그렇게 할게요."

"꽃이 시들기 전에 어서 가 봐라."

"조금 있다 라디오 들으러 갈게요."

할머니는 웃으며 빨리 가라며 손짓을 했다. 카롤 역시 웃는 얼굴로 인사를 하고는 그 앞을 벗어났다.

저기, 집이 보였다. 크지도 작지도 않은 이층집. 그 아담한 이층집에는 카롤네 가족 말고도 여러 세대가 세 들어 살고 있었다.

카롤의 집은 방 두 개짜리 작은 집이었다. 방 하나는 형 에드문트와 카롤이 사용했고, 다른 방 하나는 부모님이 기거했다. 하지만 카롤 가족은 더 욕심내지 않았다.

카롤은 살금살금 발소리를 죽이며 집 안으로 들어갔다. 까치발로 그렇게 술래잡기 하듯 조용히 들어갔다가 어머니 앞에 불쑥 꽃을 내밀고 싶었다. 그러면 어머니는 깜짝 놀라셨다가 다시 꽃을 보고는 한 번 더 놀라시리라. 카롤은 생각만으로도 재미있었다. 카롤은 발뒤꿈치를 들고 가만히 걸었다.

한데 이상했다. 다른 날과 같지 않게 집 안 공기가 무거웠고 어두웠다. 알 수 없는 무언가가 집 안을 무겁게 짓누르고 있었다. 뭘까? 이게 뭘까? 뭔데 이렇게 다른 날과 다를까?

카롤은 오소소, 살갗에 소름이 돋았다. 이제까지 한 번도 경험해 보지 못한 어떤 슬픔이 함정처럼 도사리고 있다가 그를 집어삼키는 것 같았다. 카롤은 등 뒤 허리춤에 숨기고 있던 꽃을 내려뜨리고는 집 안을 한번 휘둘러보았다.

카롤은 무서웠다. 무서워 큰 소리로 엄마를 불렀다.

"엄마!"

한데 언제나 환하게 웃는 얼굴로 그를 맞이해 주던 어머니는 나오지 않았다. 게다가 다른 날 같지 않게 아버지도 일찍 귀가해서는 집에 있었고, 언제나 그보다 늦게 학교가 파하는 형도 집에 있었다.

형 에드문트의 눈가가 빨갛게 부어 올라 있었다. 카롤은 무언가 짚이는 게 있어 얼른 어머니가 누워 있는 방으로 시선을 돌렸다. 어머니가 계신 방에서는 아무 소리도 들려오지 않았다. 카롤은 저도 모르게 들고 있던 꽃을 떨어뜨렸다. 가슴이 쿵쿵 뛰었다.

"오! 롤루시 왔구나. 이리 오너라. 우리 막내."

금방이라도 울 것만 같은 얼굴로 어머니 방을 바라보고 있는 카롤을 향해 아버지가 두 팔을 벌리며 말했다.

카롤은 쭈뼛쭈뼛 아버지 앞으로 다가갔다. 아버지는 말없이 카롤을 품 안에 안더니 머리를 쓰다듬고는 정수리에 입을 맞췄다. 이상하게 아버지의 입맞춤이 더 큰 슬픔을 몰고 왔다. 가슴 부근에서 뜨거운 울음이 뭉쳐지더니 이내 숨이 잘리며 눈물이 비어져 나왔다.

"오, 롤루시. 울지 말거라. 울면 안 돼. 어머니는 지금 힘겨운 싸움을 하고 계시는 중이야. 그러니 우리 함께 힘을 내서 기도하자. 어머니가 이 어려운 시간들을 잘 이겨 낼 수 있도록 말이야."

아버지가 카롤의 등을 쓰다듬었다. 아버지의 음성도 젖어 있었다. 아버지 역시 속으로 울고 계셨던 모양이었다. 카롤은 손등으로 눈물을 쓱 닦고는 아버지의 곁에 앉았다. 그리고 두 손을 맞잡았다.

"오 자애로운 성모 마리아여. 어머니가 낫게 해 주십시오. 예전처럼 어머니의 얼굴에 웃음꽃이 가득 필 수 있도록 해 주십시오."

아버지도 아들 카롤을 따라 두 손을 맞잡고 기도했다. 형 에드문트도 카롤의 옆에서 두 손을 맞잡고 간절히 기도를 했다.

얼마나 지났을까. 어머니가 누워 계시는 방문이 열리더니 의사가 아버지를 불렀다. 카롤은 기도를 멈추고 아버지와 의사를 번갈아 가며 쳐다보았다.

"죄송합니다. 아무래도……. 에밀리아가 부릅니다. 들어오세요."

의사의 말에 아버지의 얼굴이 흙빛으로 변하더니 방 안으로 쫓아 들어갔다. 형 에드문트의 표정도 굳어졌다. 카롤은 울지 않으려고 두 주먹을 꼭 쥐었다. 피가 제대로 돌지 않아 주먹이 하얗게 변할 정도로 세게 쥐었다.

아버지가 방 안으로 들어가신 지 얼마 되지 않아 의사가 다시 나오더니 이번에는 형제들을 향해 들어오라고 손짓을 했다.

카롤은 형 에드문트의 뒤를 따라 방으로 들어갔다. 어머니가 누워 계신 방 안에는 적막하고도 습한 기운이 무겁게 가라앉아 있었다.

침대에는 어머니가 편안한 표정으로 누워 계셨다. 마치 잠이라도 자는 듯 평온해 보이기까지 했다. 가끔씩 힘들게 숨을 몰아 내쉬지만 않는다면 주무시고 계신다고 해도 믿을 터였다.

아버지가 어머니의 한 손을 두 손으로 맞잡고 있다가 카롤이 들어오자 어머니의 손을 놓고 옆으로 비켜섰다.

"어머니."

카롤은 떨리는 소리로 어머니를 불렀다. 막내아들의 울음 섞인 소리에 어머니 에밀리아 카초로프스카가 힘겹게 눈을 떠 카롤을 바라보았다.

"오, 우리 막내구나. 롤루시. 우리 씩씩한 롤루시. 이제 롤루시와 작별해야 하겠구나."

"그런 말씀 마세요."

"아니야. 사람은 언젠가는 모두 이별해야 하는 거란다. 우리는 조금 빨리 하는 것 뿐이란다. 롤루시, 카롤 유제프 보이티와. 이 엄마가 없어도 씩씩해야 한다. 우리 롤루시는 똑똑하고 씩씩하니 잘 지낼 수 있을 거야. 이 엄마가 하늘에서 우리 막내를 지켜보마. 그리고 성모 마리아께서 언제나 널 지켜 주실 거야. 힘들 때마다 성모 마리아께 기도하려무나. 성모 마리아님을 엄마로 생각하고 말이야."

어머니는 한마디 한마디 발음하는 것도 힘들어 보였다.

"오, 카롤 유제프 보이티와. 넌 잘할 수 있을 게다. 지금처럼만 하면 돼. 사랑한다."

에밀리아는 남아 있는 힘을 다해 카롤에게 이야기했다.

어머니의 유언과 같은 말을 들은 카롤의 눈에서는 기어이 뜨거운 눈물이 흘러내렸다.

"어머니, 전 어머니가 없으면 안 돼요."

카롤은 흐느껴 울기 시작했다.

"오, 롤루시. 울지 말거라."

아버지가 카롤을 끌어안았다. 어머니는 카롤과 가족들을 한번 둘러보더니 조용히 숨을 거두었다.

카롤은 하늘이 무너져 내리는 것 같았다. 이제 아홉 살, 한창 어머니의 보살핌과 사랑이 필요한 나이에 어머니를 잃다니. 카롤은 너무 빨리 제 곁을 떠난 어머니가 야속하고 미웠다. 그리고 어머니를 빨리 데려간 하늘이 원망스러웠다.

어머니를 잃었지만 카롤은 꿋꿋하게 자랐다. 아버지와 형 에드문트는 카롤에게 어머니의 몫까지 해 주면서 그 빈자리를 채워 주려 애썼다. 하지만 카롤은 어머니가 보고 싶었다. 어머니의 다정한 음성과 따뜻한 손길과 무한한 애정이 정말 너무 그리웠다. 특히 학교에서 돌아왔을 때 어머니가 안 계신 텅 빈 집안은 카롤에게 말할 수 없는 슬픔을 안겨 주었다. 아버지와 형이 어머니의 부재를 느끼지 못하게 세심하게 배려해 주고 아껴 주었지만 그래도 어머니 떠난 자리는 늘 허전하고 서운했다. 하지만 누구에게도 어머니가 보고 싶다는 말은 하지 않았다. 대신 어머니가 생각날 때마다 카롤은 성모 마리아에게 기도했다. 그리고 어머니의 부재에서 오는 허전함을 성모 마리아와 대화하는 것으로 채워 나갔다.

성모 마리아를 찾을 때마다 마리아는 마치 어머니처럼 카롤을 따뜻하게 맞아 주었다. 그의 이야기를 경청하고 잔잔한 미소로 카롤의 이야기에 응수했다.

아버지는 그런 막내아들이 대견스럽기만 했다. 어머니가 없다고 투정부리거나 엇나갈 법도 한데 카롤은 그러지 않았다. 늘 그렇듯 친구들과 사이좋게 지내고, 형에게도 곰살맞게 굴거나 나이에 맞지 않게 의젓하게 굴었다.

하지만 시련은 또다시 카롤을 가만두지 않았다. 어머니를 잃고 겨우 안정을 찾아갈 무렵 성홍열이 전국을 휩쓸었던 것이다.

급격히 환자가 늘어났고, 곳곳에서 사람들이 죽어 나갔다. 성홍열은 전염이 되는 병이었다. 고열에 목이 붓고 온몸에 빨갛게 발진이 일어나는 무서운 병이었다. 병원마다 밀려드는 환자들로 넘쳐 났고, 사람들은 공포에 휩싸였다.

"카롤, 될 수 있으면 사람들 많은 곳은 가지 마라. 나갔다 들어와서 손 씻는 거 잊지 말고. 당분간 학교에도 가지 않는 게 좋겠다. 병이 좀 수그러들면 가도 괜찮아."

형 에드문트가 카롤에게 신신당부를 했다. 에드문트는 의사였다. 형은 늘 환자들에게 둘러싸여 있었고, 환자를 돌보느라 집에 들어오지 않는 날들이 많아졌다. 상황은 날이 갈수록 나빠졌다.

며칠 만에 옷을 갈아입으러 집에 잠깐 들른 에드문트는 카롤에게 또 한 번 같은 당부를 했다. 하지만 카롤은 오히려 자신보다 형이 더 걱정되었다.

"형, 저는 괜찮아요. 저보다 형이 더 걱정인걸요. 봐요. 형 얼굴이 예전보다 더 안 좋아졌어요."

카롤은 걱정스러운 표정으로 에드문트를 건너다보며 이야기했다. 가만히 보니 형의 얼굴이 거칠하니 살도 이전보다 더 빠진 듯했고, 또 눈밑이 거뭇한 게 많이 피로해 보였다.

"그래. 조금 피곤하긴 하구나. 환자가 너무 많아서 쉴 틈이 없었어. 며칠째 잠도 못 잤단다."

에드문트의 말에 카롤은 걱정스러운 표정을 지었다.

"좀 쉬었다 가요. 잠깐만이라도 자고 가면 안 돼요?"

"안 돼. 나도 그러고 싶지만 나를 기다리는 환자들이 많아."

"더 많은 환자를 돌보려면 의사가 건강해야 하잖아요."

카롤은 아무래도 안심이 되지 않는다는 듯 형을 바라보았다.

"알았어. 형도 조심할 테니까 너도 조심해야 한다. 알았지? 나갔다 들어오면 꼭 손 씻고. 사람 많은 데는 가지 않는 거다? 알지?"

형 에드문트는 웃으며 카롤에게 새끼손가락을 내밀었다.

"그래, 연극 연습은 잘 되고 있겠지?"

꼭 걸었던 새끼손가락을 풀며 에드문트가 물었다.

그 말에 카롤은 살짝 얼굴을 붉혔다. 할리나가 생각났기 때문이었다. 할리나는 카롤의 안티고네였고, 연인이었다. 학교에서 공연할 연극 〈안티고네〉의 이야기였다. 그 연극에서 할리나는 안티고네 역을, 카롤은 안티고네의 연인 하이몬 역을 맡았다. 연극 연습을 하는 동안 둘은 많은 시간을 함께 보냈고, 카롤보다 한 살 어린 할리나는 카롤을 좋아했다. 카롤 역시 그런 할리나가 싫지 않았다.

"연극 연습도 좋지만 아무튼 조심해야 한다. 알았지?"

에드문트는 거듭 카롤에게 주의를 주었다. 카롤은 고개를 끄덕였다. 옷을 갈아입은 에드문트는 서둘러 집을 나갔다.

하지만 형 에드문트는 카롤과의 약속을 지키지 못했다. 어머니가 떠난 지 3년 만에 에드문트는 성홍열로 그만 세상을 떠나 버린 것이다. 에드문트의 나이 스물여섯 되던 해였고, 카롤은 열두 살이 되던 해였다.

형의 죽음은 카롤에게 큰 충격이었다. 에드문트는 형이었지만 그에게 어머니 같은 존재이기도 했다.

아버지 카롤 보이티와 역시 깊은 슬픔에 빠졌다. 이제 남은 가족은 아버지와 카롤밖에 없었다. 단둘뿐. 세상에서 의지할 사람은 둘밖에 없었다.

하지만 잇단 가족의 죽음은 카롤을 더욱 성숙하고 강인한 사람으로 만들었다. 삶과 죽음에 대해서 깊이 명상하게 했고, 인간이란 존재가 얼마나 약한지 알게 되었다. 사람들끼리 서로 네 편 내 편으로 나뉘어 미워하며 반목하는 것이 죽음 앞에서 얼마나 하찮은 일인지도 깨달았다.

카롤은 혼자 있을 때면 깊은 묵상에 잠겼다. 하나님은 왜 이런 시련을 자신에게 주었을까? 다른 아이들처럼 그렇게 평범하게 지내게 하지 못하고 사랑하는 사람들을 한 명씩 자신에게서 떼어놓으실까? 한편으로는 하나님이 원망스럽기도 했다. 하지만 하나님께서 이렇게 시련을 주신 데에는 그만한 이유가 있을 거라고 생각했다. 그게 무엇인지 지금으로서는 알 수 없지만, 하나님은 언제나 계획 중에 모든 일을 하시는 분이라 언젠가는 그 뜻을 알게 될 거라고 믿었다.

두 번의 시련 후 카롤은 하나님을 더욱 따랐다.

"카롤, 우리 다시 힘내자꾸나. 우리가 슬픔에 잠겨 있으면 저 하늘나라에 있는 어머니와 형이 안타까워하실 거야. 막내는 잘할 수 있을 게야."

아버지가 카롤의 어깨를 붙잡아 안으며 등을 쓸어내렸다.

"네."

카롤은 자신이 슬픔에 잠겨 있으면 아버지가 더 힘들어 하실까 봐 일부러 씩씩한 표정을 지었다. 남은 가족은 둘뿐이다. 그러니 자신이 이제 아버지에게 힘이 돼 드려야 했다. 할 수만 있다면 자신이 어머니와 형과 얼굴도 모르는 누나의 몫까지 해 드려야 한다고 생각했다.

아버지 역시 카롤에게 어머니와 형의 몫까지 사랑을 주었다. 비록 형편이 넉넉하지는 못했지만 카롤은 아버지의 보살핌과 하나님의 사랑이 있어 꿋꿋이 견딜 수 있었다.

카롤은 침대를 아버지 방으로 옮겼다. 그 방에서 카롤은 아버지와 많은 시간을 함께하며 이야기를 나누고, 또 살아가는 것에 대해 배우고, 앞으로 어떻게 살아가야 하는지도 배울 수 있었다.

이웃 아주머니들은 잇달아 가족을 잃은 카롤을 안쓰러워했지만, 카롤은 그럴 때마다 웃으며 씩씩하게 대답했다.

"네. 걱정해 주셔서 감사합니다. 그래요. 어머니와 형이 보고 싶지만 할 수 없잖아요. 참을 수밖에요. 그래도 저에게는 소중한 아버지가 계시고, 저를 걱정해 주시는 여러분이 계시고, 또 마리아님이 계시니까 괜찮아요."

"어쩜 저렇게 의젓할 수가 있을까. 그래, 카롤. 넌 훌륭한 아이야. 돌아가신 어머니도 좋아하실 거야. 암, 늘 널 지켜봐 주실 거야."

이웃들은 고개를 끄덕이며 진심을 다해 카롤을 격려해 주었다.

"네, 감사합니다."

카롤은 웃으며 깍듯이 인사했다. 이웃들은 언제나 친절하고 다정했다. 맛있는 것이 있으면 나누어 주었고, 힘든 일이 있으면 언제나 달려와 도와주곤 했다. 카롤은 모두의 아들이었고 동생이었다.

그렇게 많은 사람의 배려와 관심 속에 카롤은 과묵하면서도 밝고 긍정적인 사람으로 성장했다. 한편으로는 일찌감치 가족을 잃은 탓에 타인의 아픔과 슬픔에 대해서도 그냥 허투루 보아 넘기지 못했다.

할 수만 있다면, 자신에게 힘이 있다면, 카롤은 슬픔에 빠진 사람들을 위로하고 싶었다. 그들에게 친구가 되어 주고 싶었다. 자신도 가족을 잃었지만 다 잃은 것이 아니라고, 자신을 사랑하는 성모 마리아와 하나님이 함께 계신다고 알려 주고 싶었다. 성모 마리아와 하나님은 슬픔에 빠진 사람과 약한 사람을 보듬어 주신다고 이야기해 주고 싶었다.

사랑으로 가득한 학창 시절

> 자유는 진정 값진 것이기에,
> 우리는 그 가치를 헤아릴 수 없습니다.
> 자유는 희생정신을 전제로 하는 고귀한 것입니다.
> 자유를 실현하기 위해서는
> 우리를 위협하는 모든 폭력에 저항할 수 있는
> 경계심과 용기가 필요합니다.
> - 요한 바오로 2세 어록 중에서

어머니와 형을 잃었지만 카롤 유제프 보이티와는 매사가 밝고 긍정적이었다.

카롤에게는 자신을 이해해 주고 사랑해 주는 아버지가 있었고, 또 성모 마리아가 계셨다. 아버지는 행여 막내가 어머니와 형을 잃고 상심한 채 우울한 사람으로 자랄까 봐 늘 세심하게 카롤을 지켜 봐 주고 기운을 북돋아 주었다. 어떤 때는 친구가 되어 주었고, 어떤 때는 형이 돼 주기도 했으며, 또 어떤 때는 아버지로서 카롤의 고민을 들어주기도 했다. 또 자상하게 카롤의 숙제를 봐 주고 축구도 함께 했다. 카롤의 어머니 에밀리아 카초로프스카가 카롤에게 피아노를 가르쳐 주었던 것처럼 아버지는 피아노를 가르쳐 주기도 하면서 최대한 어머니와 형의 부재를 채워 주려 노력했다.

빨래는 물론이고 음식과 청소도 아버지 카롤 보이티와가 다 해 냈다. 아버지의 그런 희생 덕분에 카롤은 불편한 것이 없었다. 카롤도 도울 수 있으면 아버지를 도와 열심히 집안일을 했다.

이제 카롤 유제프 보이티와는 어린아이가 아니라 어엿한 고등학생이 되었다. 코밑으로 거뭇거뭇 수염도 돋고, 음성도 어른의 소리로 가기 위해 변성기를 겪고 있었다. 키도 훌쩍 컸다. 키가 큰 만큼 생각도 깊었고, 웬만한 일들은 혼자 할 수 있을 만큼 성장했다.

어느 날 카롤은 학교에서 돌아와 청소를 하기 시작했다. 몹시 무더운 여름날이었다. 가만히 있어도 굵은 땀이 송골송골 배어나오며 이내 이마와 등을 타고 흘러내렸다. 창문을 열자 시원한 바람이 아닌, 더운 기운이 습하게 얼굴로 확 끼쳐들었다.

좁은 골목 안에서는 그 더위에도 불구하고 아이들이 나와 공을 차며 놀고 있었다. 아이들의 웃음소리와 공을 넘기라는 소리가 그 습한 기운에 버물려 날아왔다. 한때 카롤이 저 아이들만 했을 때, 그때 그 골목의 주인은 바로 카롤과 친구들이었다. 그런데 이제 그 골목은 어린아이들의 차지가 되었다. 저 아이들도 자신처럼 고등학생이 되면 그때는 다른 아이들에게 그 골목을 물려줄 것이다.

카롤은 한동안 공을 차고 노는 아이들을 내려다보고 있더니 두 손을 입으로 가져가 손나팔을 만들어 아이들을 향해 소리쳤다.

"자, 자, 더 빨리 움직여야지. 옆으로 패스하고."

그런 카롤을 향해 아이들은 손을 흔들며 웃어 보였다.

위에서 바라보니 이리저리 공을 패스하고 굴리는 아이들의 행동이 굼떠 보였다. 아마 하나님이 보시기에도 그럴 것이다. 자신은 잘한다고 해도 하나님이 보시기에는 한참 미숙해 보일 터였다. 카롤은 그런 미욱한 자신을 하나님이 사랑하신다는 사실에 감사했다.

카롤은 다시 집 안으로 시선을 돌리며 무엇부터 시작할 것인지 잠시 고민했다. 요즘 들어 아버지가 자꾸 피곤해 하시는 것 같았다. 그 모든 것을 혼자 해내려니 힘에 부치신 모양이었다. 때문에 카롤은 오늘만큼은 어떤 일이 있더라도 아버지를 도와드리자고 작정하고 일찍 집으로 돌아온 터였다. 그동안은 연극 연습이다 공부다 해서 자주 늦었었다.

카롤은 방 안을 한번 휘둘러보고는 청소 도구를 챙겨 들었다. 방안 깊숙이 들어온 햇빛이 낡은 서랍장과 서랍장 위에 올려놓은 가족사진 위에 머물러 있었다. 햇빛을 듬뿍 받고 있는 사진 속에서 어머니와 형이 자신을 바라보며 웃고 있었다. 빛바랜 사진 속의 어머니는 옛날 그대로였다. 인자한 미소를 머금고 계시는 어머니는 하얀 레이스가 달린 블라우스에 검은 긴 치마를 입고서 두 손을 앞으로 모아 잡은 채 의자에 앉아 계셨다. 언제 봐도 어머니는 고우셨다. 어머니는 언제 이 사진을 찍으셨던 것일까.

카롤은 어머니의 사진이 든 액자를 집어 들더니 쓰다듬으며 말했다.

"어머니, 요즘 아버지가 많이 힘들어 하세요. 그러니 아버지를 지켜 주세요."

카롤은 아버지가 자주 어머니의 사진을 들여다보며 대화를 나눈다는 사실을 알고 있었다. 어떤 때는 마치 어머니가 옆에 계시기나 한 것처럼 하루의 일과를 말했고, 또 일상의 대화를 나누곤 했다. 어머니와 말을 하는 아버지의 음성은 한없이 다정하고 다감했다. 그래서였을까, 아직도 늘 곁에 어머니가 계시는 듯했다.

카롤은 어머니의 액자를 있던 자리에 올려놓았다. 어머니는 형과 어릴 때 세상을 떠나서 자신은 한 번도 얼굴을 본 적이 없는 누나 곁에서 다시 온화한 미소를 머금은 채 카롤을 바라보았다.

카롤은 간밤의 아버지를 생각하니 마음이 아팠다.

어젯밤 한참 곤하게 자고 있는데 무언가 이상한 소리가 카롤을 잠에서 끌어냈다. 으으으…… 처음에는 그저 잘못 들었으려니 했다. 으으으으…… 하지만 잠을 깨는 소리는 계속되었다. 무슨 소릴까. 카롤은 졸린 눈으로 소리가 나는 쪽을 바라보았다. 하지만 소리는 언제 그랬나 싶게 사라졌다.

환청인가 싶어 카롤은 다시 잠을 청했다. 하지만 소리가 다시 살아났다. 기이하고도 기괴한 소리의 진원지는 아버지였다. 아버지를 깨워야 할지 그냥 주무시게 놓아 드려야 할지 카롤은 잠시 망설였다. 그사이 아버지의 신음 같은 소리는 더 깊어졌다.

카롤은 침대에서 몸을 일으켰다. 창문을 통해 들어온 달빛을 받아 사물들이 푸르스름한 윤곽으로 제 존재를 드러내고 있었다.

카롤은 머뭇거리다 아버지에게 다가갔다. 잠시 잇 사이로 빠져나오는 신음이 잦아지는가 싶더니 이내 더 흥감스럽게 이어졌다. 무언가에 쫓기는 듯, 아니면 무언가에 짓눌리는 듯 아버지의 신음은 듣는 것만으로도 힘들었다.

카롤은 가만히 아버지의 손을 잡고 흔들었다.

"아버지, 아버지, 일어나 보세요."

하지만 잠이 워낙 깊었던지 아버지는 쉽게 잠에서 빠져나오지 못했다.

"아버지. 아버지."

카롤은 아버지의 어깨를 잡고 흔들었다.

"응? 응…… 그래. 카롤, 무슨 일이냐?"

아버지는 힘겹게 눈꺼풀을 밀어 올리며 자신을 내려다보고 있는 카롤을 향해 물었다.

"어디 편찮으세요? 힘드신 것 같아서요. 세상에, 이 땀 좀 보세요."

달빛이 땀으로 범벅이 된 아버지의 얼굴에서 푸른색으로 흘러내리고 있었다.

"아니다. 꿈을 꾸었어."

아버지는 고개를 흔들기까지 했다.

"나쁜 꿈이에요?"

"글쎄, 나쁜 꿈 같진 않은데, 모르겠구나. 한데 나 때문에 깼니? 미안하구나."

"아니에요. 정말 괜찮으세요?"

카롤은 미심쩍은 표정으로 괜찮다는 아버지를 바라보았다. 아버지는 아무래도 자신을 안심시키기 위해 속내를 감추고 계신 듯했다. 푸른 달빛에 드러난 아버지의 얼굴이 어딘지 찜찜해 보였다.

"그래, 괜찮아. 어서 자거라. 내일 아침 일찍 일어나 학교 가야지."

아버지의 음성에 힘이 하나도 없었다.

"아니에요. 물이라도 떠다 드릴까요?"

"괜찮대도. 조금 피곤했던 모양이다. 그러니 어서 자. 나도 자야겠다."

아버지의 말은 맞았다. 요즘 들어 아버지는 부쩍 피곤해 하셨다. 직장에서 돌아오면 잠시 쉴 틈도 없이 집안일을 하셔야 했고, 또 자신의 숙제를 도와주셨다. 아버지, 어머니, 가정교사에 형 몫까지, 혼자서 그 많은 일들을 다 해내시려니 힘도 들 터였다. 아버지에게 지금 필요한 것은 휴식이라는 생각이 들었다.

"정말 편찮으신 데가 없는 거죠?"

카롤은 다짐하듯 물었다.

"그래, 카롤. 걱정해 주는 네 마음은 고맙다만 나는 괜찮아. 그러니 어서 자거라."

아버지는 카롤을 향해 다정하게 말하고는 베개를 고쳐 베고 누웠다. 하지만 여전히 아버지의 얼굴에는 방금 세수를 하고 나온 사람처럼 식은땀이 흘렀고, 목소리 역시 강단진 데가 없었다.

카롤은 아버지가 걱정이 되었지만 자신의 침대로 올라왔다. 그러고는 날이 밝을 때까지 한숨도 자지 못했다. 그러면서 내심 생각했다. 다음 날은 학교가 파하면 곧장 집으로 돌아와 자신이 집안일을 하고 대신 아버지를 쉬게 해 드리겠다고.

간밤의 생각은 카롤을 바쁘게 만들었다. 청소를 다하면 먹음직스럽게 빵도 굽고 수프도 끓일 계획이었다. 아버지가 돌아오시면 뭐라고 하실까? 잘했다고 칭찬하실까? 아니면 대견해 눈물을 글썽이실까? 식사를 다 마치면 뒷정리도 자신이 할 생각이었다. 그 생각만으로도 카롤은 가슴이 설렜다.

카롤의 마음은 점점 더 바빠졌다. 아버지가 오시기 전에 그것들을 다 마쳐야 했다. 카롤은 서둘러 방 안을 정리하고 카펫의 먼지들을 털어냈다. 오래된 서랍장은 곳곳에 흠집이 나 하얀 속살이 드러나 있었지만 아버지가 정성스럽게 닦고 또 닦아 놓은 통에 윤기가 흘렀다. 아버지의 손길이 미치지 않은 곳이 한군데도 없었다. 카롤은 아버지를 생각하며 집안 구석구석 먼지를 털고, 액자에 앉아 있는 손자국을 닦아냈다. 방 두 개짜리 집이라 크게 어려울 일은 없었다.

시간이 얼마나 지났을까. 밖에서 뛰놀던 아이들의 소리도 사라지고, 햇빛도 어느새 수그러들어 뉘엿뉘엿 땅거미가 지고 있었다.

다행히 아버지가 오시기 전에 모든 것을 마칠 수 있었고 이제 아버지만 맞으면 되었다. 카롤은 흐뭇한 마음으로 깨끗하게 정리된 방 안을 한번 둘러보았다. 모든 물건이 어디 한군데 흐트러진 데 없이 정갈하게 자신의 자리들을 지키고 있었다.

카롤은 만족스러웠다. 수프 역시 아버지보다야 솜씨가 떨어졌지만 그래도 훌륭했다.

카롤은 창문을 통해 밖을 살피고 또 살폈다. 행여 아버지가 오시나 보기 위해서였다. 지금쯤이면 아버지는 저 골목 끝에서 모습을 드러낼 시간이었다. 카롤은 이때만큼 아버지가 기다려지기는 또 처음이었다. 아니 처음은 아니었지만 처음 같은 기분이었다.

드디어 문밖에서 인기척이 들렸다. 귀에 익은 발소리, 아버지였다.

카롤은 의기양양하게 문을 열었다.

카롤은 아버지가 방 안을 한눈에 볼 수 있도록 문을 활짝 열고는 한쪽으로 비켜서서 웃는 얼굴로 아버지의 표정을 살폈다.

"오, 카롤."

아버지는 놀란 듯 방 안을 휘둘러보았다.

"오늘은 아무것도 하시지 않아도 돼요. 제가 수프도 다 준비해 놓았어요. 시장하시죠? 어서 식탁에 앉으세요. 그리고 식사를 마치고 나면 제가 뒷정리도 할 거예요. 그러니 오늘은 푹 쉬세요. 그게 아버지께서 오늘 하실 일이에요."

카롤은 방 안을 둘러보고 있는 아버지를 향해 자랑스레 말했다.

아버지는 그런 카롤을 한동안 말없이 바라보았고, 카롤은 웃는 얼굴로 아버지의 말없는 시선을 받아 냈다.

"카롤!"

한참을 그렇게 말없이 바라보고 있던 아버지가 마침내 입을 열었다.

"카롤, 고맙구나. 하지만 아버지는 조금도 기쁘지 않구나."

카롤은 놀라 아버지의 얼굴을 쳐다보았다. 아버지의 표정이 어두웠다.

"네가 아버지를 위해 했다는 걸 안다. 하지만 아버지가 바라는 건 이런 것이 아니란다. 넌 다른 걱정하지 말고 열심히 공부해서 훌륭한 사람이 돼야 해. 그게 아버지가 바라는 일이고, 네가 아버지에게 해 줄 수 있는 행복한 일이란다."

카롤은 아무 말 없이 아버지의 말을 들었다. 공부만 잘한다고 해서 훌륭한 사람이 되는 것은 아니라고 말씀드리고 싶었지만 아버지를 실망시켜 드리고 싶지 않았다. 물론 공부를 잘하면 남들보다 더 빨리 원하는 것을 얻을 수 있을 터였다. 더 빨리 성공하고, 더 많은 기회가 오리라는 것은 카롤도 잘 알았다. 하지만 공부를 잘한다고 해서 꼭 성공하는 것은 아니었다. 성공 역시 꼭 공부를 잘해야만 이루어지는 것이 아니었다. 성공이란 사람마다 그 기준이 다르지 않던가. 자신이 하고 싶은 일을 하고, 자신의 꿈을 이루는 거. 그것이 카롤이 생각하는 성공이었다. 그 꿈이 남들이 볼 때 아무리 하찮은 것일지라도 자신에게 소중하다면 그것은 소중한 거였다. 그리고 그 꿈을 이루는 것이 성공이었다. 배우가 되고 싶은 아이는 열심히 연극 연습을 하고, 시인이 되고 싶은 아이는 열심히 책을 읽고 시를 짓고, 세상과 사물에 대해 깊은 생각을 하면 원하는 배우가 되고 시인이 될 수 있을 터였다. 물론 자신이 원하는 일을 하면서 공부까지 잘한다면 더없이 좋을 일이라는 것도 알았다. 친구들 가운데는 공부는 비록 남들보다 뒤떨어지지만 축구만큼은 그 누구보다 잘하는 아이도 있지 않은가. 그러니 카롤은 그만큼 세상이 공평하고, 하나님은 그렇게 우리 모두를 똑같이 사랑하고 계신다고 믿었다.

그렇다고 해서 카롤의 성적이 나쁜 것은 아니었다. 줄곧 상위권을 유지하고 있었고, 무슨 일이 있을 때면 학생 대표로 나가 활동하기도 했다. 선생님도 친구들도 그런 카롤을 믿고 칭찬했다.

그런 만큼 아버지가 아들에게 거는 기대도 높다는 것을 카롤 자신도 잘 알았다.

"저는 아버지가 힘드신 것 같아 좀 쉽게 해 드리고 싶었어요."

카롤은 시무룩하게 대답했다.

"그래, 고맙구나. 네 마음이 참으로 고마워. 이 아버지가 미안하구나. 네 마음이 그런 줄도 모르고. 그래, 카롤. 우리 막내. 너는 장차 뭐가 되고 싶니? 이제 곧 고등학교도 졸업할 텐데, 이제 대학 진학 준비도 해야 하지 않겠니? 지금 시기가 너에게는 참으로 중요하단다. 네 인생을 스스로 결정해야 하는 시기가 곧 오게 될 거야. 그게 오래지 않단다. 그러니 신중하게 네가 무얼 하고 싶은지 찬찬히 생각해 보려무나."

카롤은 아버지의 말씀에 희미하게 고개를 끄덕였다. 정말 아버지의 말씀처럼 곧 졸업을 앞두고 있었고 이제 정말 자신의 미래를 진지하게 고민해 봐야 할 때였다. 언제까지나 어린아이처럼 살 수는 없는 일이었다.

카롤은 시인이 되고 싶었다. 아니, 연극배우도 되고 싶었다. 카롤은 못하는 것이 없었다. 축구도 잘하고, 시도 잘 쓰고, 연극에도 관심이 많았다. 연극이라면 초등학교 시절부터 무대에 섰었고, 직접 시나 희곡을 써서 무대에 올린 적도 많아 무엇보다 자신이 있었다.

몸이 하나라 아쉬웠다. 할 수만 있다면 시인도 되고, 연극배우도 되고, 운동선수도 되고, 뭐든 다 하고 싶었지만 그 전부를 할 수는 없었다. 이제 하나를 선택해야 했다.

"그래, 너도 고민이 많겠지. 당장 성급하게 결정을 내리려 하지 말고 천천히 더 많이 생각해 보아라. 오늘 일은 고맙다만 앞으로는 이러지 않아도 돼."

아버지는 다정스럽게 이야기했다. 카롤은 아버지의 말에 웃음으로 대답했지만 여전히 아버지가 걱정이었다. 가만 보니 아버지의 얼굴이 예전 같지 않게 창백하고, 눈 밑에는 거뭇거뭇하게 검은 얼룩도 앉아 있었다. 그게 카롤의 마음에 걸렸다.

"그래, 오늘 우리 막내 롤루시의 음식 솜씨를 한번 볼까? 이 아버지를 위해 끓였다니 세상에서 가장 맛있는 수프일 거야."

아버지는 오랜만에 자신을 롤루시라고 부르며 식탁으로 다가갔다. 카롤도 웃으며 아버지의 뒤를 따라 식탁으로 갔다. 하지만 여전히 아버지에 대한 걱정으로 마음 한구석이 무거웠다. 당장에 아버지에게 이제 자신은 고등학생이고, 고등학생이면 다 컸다고 말씀드리고 싶었다. 더 이상 어린아이가 아니니 걱정하지 말라고, 예전의 롤루시가 아니라 충분히 자신이 할 일을 하고 아버지를 도울 수 있는 나이가 되었다고 말씀드리고 싶었다. 하지만 아버지가 진정 원하는 일이 자신이 공부하는 것이라는 것을 알고 있었기에 더는 고집을 부릴 수 없었다.

그렇게 시간이 흘렀다. 카롤은 아버지의 뜻대로 열심히 공부했다. 하지만 공부만 한 게 아니었다. 자신이 좋아하는 문학에도 열정을 버리지 않았다. 책을 읽고 친구들과 토론을 벌이거나 연극에도 관심을 가졌다. 직접 연출도 해 보고 배우로서 연기도 했다.

카롤은 문학을 선택했다. 시인이 되거나 연출가가 되는 것. 그것은 인간을 이해하는 데 도움이 되었고, 사는 것에 대한 진지한 사고를 갖게 만들었다. 그것은 꿈을 꾸는 것만으로도 근사했다. 친구들역시 카롤이 훌륭한 시인이 되거나 연극 연출가가 되리라는 사실을 믿어 의심치 않았다.

5월, 카롤의 생일이 조금 지난 뒤였다. 밖에는 봄날의 따듯한 훈풍이 불고 있었다. 그 훈풍에 꽃샘추위도 맥을 못 추고 물러가고, 앞 다투어 꽃들이 피어났다. 5월도 이제 나흘 후면 끝이었다. 세상이 온통 생명의 기운으로 활기가 넘쳐났다.

카롤은 심호흡을 했다. 들숨으로 생명의 기운들이 빨려 들어왔다. 이제 카롤은 어디로 보나 듬직한 청년이었다. 제법 수염도 짙어지고, 변성기를 지난 목소리는 아버지처럼 굵었다. 어깨도 넓어지고 키도 훌쩍 컸다. 아버지보다 아들, 카롤 유제프 보이티와가 더키도 크고 힘도 셌고 더 듬직했다. 이목구비 어디 한군데 죽은 데가 없이 곧았고, 예의가 발랐다.

동네 사람들은 그런 카롤을 사랑했다. 카롤 역시 자신이 태어나고 자란 바도비체와 그 좁다란 골목을 좋아했다. 카롤은 언제나 이웃들에 대한 감사함을 잊지 않았다. 일찌감치 어머니를 여의고 형을 잃은 뒤 아버지와 자신이 상심하지 않고 다시 힘을 내 살 수 있도록 도와준 사람들. 그 사람들의 배려와 따뜻한 마음을 절대 잊을 수 없었다.

삶에 대한 용기는 그런 데서 얻을 수 있었다. 하나님의 보살핌과 이웃 사람들의 따뜻한 미소에서 말이다.

"오, 카롤. 장하구나. 훌륭해."

성적표를 받아든 아버지는 감격한 나머지 음성이 가느다랗게 떨렸다. 카롤이 졸업을 앞두고 치른 시험에서 전 과목에서 최고 점수를 받은 것이다.

어느새 아버지의 눈가에는 그렁그렁 눈물까지 고였다.

"고맙구나. 고마워. 이럴 때 어머니가 계셨으면 얼마나 좋아하셨겠느냐?"

"아마 어머니도 보고 계실 거예요."

카롤이 웃으며 말했다.

"그래, 그럴 거다. 틀림없이 보고 계실 거다. 암. 보고 있고말고."

아버지는 자랑스럽게 성적표를 액자 속의 어머니를 향해 흔들어 보이며 아들을 따라 웃었다.

하지만 카롤은 자신이 한 게 아니라고 믿었다. 그것은 언제나 자기를 돌보아 주시는 성모 마리아의 사랑과, 아버지가 그에게 보내 주는 희생과 헌신의 결과라고 믿었다.

카롤은 성모 마리아가 늘 자신과 함께 계시다는 것을 느꼈다. 그것은 어떻게 설명할 수 없는 부분이었다. 힘든 일을 당할 때마다 누군가가 자신을 격려하고 응원하며, 어려운 일을 당할 때면 누군가가 자신을 일으켜 세우는 것을 느낄 수 있었다. 아무리 힘든 일일지라도, 출구가 보이지 않을 만큼 암담한 일을 당했을 때도, 엎드려 기도하면 가슴 저 밑바닥에서부터 알 수 없는 힘이 샘솟거나 고이곤 했다. 뻐근하게 명치끝에서부터 올라오는 뜨거운 기운은 이내 자신을 휘감으며 다시 살아갈 힘을 주고 용기를 주었다. 그러면 다시 무엇이든 시작할 수 있었다.

카롤은 그것이 다름 아닌 성모 마리아의 보살핌 때문이라고 여겼다. 졸업 시험에서 전 과목 최고 점수를 받을 수 있었던 것도 성모 마리아의 보살핌이 있었기에 가능했던 것이다.

"자, 장한 우리 아들, 오늘 저녁 우리끼리 조촐한 축하 파티를 해 볼까?"

아버지의 기쁨은 쉬 수그러들 줄 몰랐다. 그런 아버지를 바라보고 있자니 카롤도 덩달아 기분이 좋아졌다.

2장

다재다능한 청년, 카롤

예술 문화의 중심지, 크라쿠프로 이사하다

사람은
그 조직체의 부속품이나 사회의 도구로 존재할 수 없습니다.
사람은
그 자체로 소중한 존재이며,
하나의 인격체입니다.
그리고 자신의 지성과 의지로써 자신과 닮은 사람과 공존하고,
서로 의존하거나
헌신할 수 있는 능력을 가지고 있습니다.
- 요한 바오로 2세 어록 중에서

1938년 8월, 열아홉 살이 되었을 때 카롤은 아버지와 함께 바도비체에서 크라쿠프로 이사를 하게 되었다. 상급학교로 진학하기 위해서였다.

크라쿠프는 전통이 있는 도시였다. 과거 550년 동안이나 폴란드 왕국의 수도였던 크라쿠프는 유럽 예술 문화의 중심지였고, 그런 탓에 크라쿠프에 사는 사람들의 자부심은 대단했다.

카롤은 당당히 크라쿠프에 있는 폴란드의 명문 대학인 야기엘론스키 대학 문학부에 입학했다. 폴란드 문학을 공부하기 위해서였

다. 안티고네 역을 맡았던 할리나 역시 카롤과 같은 문학부에 진학했다.

카롤은 가슴이 뛰었다. 유서 깊은 크라쿠프의, 그것도 전통 있는 대학에 입학하다니. 이제 정말 자신의 꿈을 위해 한 발 내딛는 기분이었다. 문학. 시인이 되어도 좋을 테고, 아니면 연극을 해도 좋을 터였다. 막연히 꿈으로 품었던 것들이 하나둘 현실로 이루어지는 것을 경험하면서 카롤은 자신이 점점 어른이 되어 가는 것을 느꼈다.

카롤은 그 모든 것이 성모 마리아께서 자신을 도우시고 자신을 일으켜 세워 주시기에 가능한 일이라고 믿었다.

'열심히 할 것이다. 자신에 대한 기대를 버리지 않고, 지금까지 나를 아끼고 사랑해 주었던 사람들에게 다시 사랑을 나누어 주는 사람이 될 것이다.'

카롤은 스스로에게 이렇게 다짐했다.

태어나서 유년기를 보내고, 그곳에서 어머니와 형을 잃었지만 바도비체는 그를 보듬어 주고 키워 준 애틋한 고향이었다. 그곳에서 실로 많은 일들이 있었다. 즐거웠던 일, 슬펐던 일, 그것들은 그대로 카롤의 기억 속에 켜켜이 저장돼 있었다. 그것들 덕분에 카롤은 더 여물어지고, 더 단단해지고, 더 성장할 수 있었다. 그것들은 어느 순간 불쑥 기억 밖으로 튀어나와 카롤을 웃음 짓게 하고 용기를 북돋아 줄 것이다. 이제까지 그래 왔던 것처럼. 슬프면 슬픈 대로, 기쁘면 기쁜 대로 말이다. 바도비체에서 있었던 일들은 어느 것 하나 버릴 수 없었다.

그동안 정들었던 이웃들은 물론 친구들과 헤어지는 것이 아쉬웠지만 이게 영영 이별은 아니라고 생각했다. 보다 더 큰 사람으로 자라서 언제든 다시 만날 수 있을 터였다. 그러기 위해서 잠시의 이별은 기꺼이 감수해야 하는 통과의례라고 생각했다.

정들었던 집을 떠나던 날, 유대인이었던 집주인은 매우 서운해했다.

"카롤. 너는 잘할 거야. 이제까지 해온 것처럼 하면 돼. 그래, 네가 떠나면 우리 진카가 몹시 섭섭해할 텐데, 어쩌겠니? 아무튼 네 꿈을 꼭 이루어라."

"네. 그동안 감사했습니다. 가족 모두 하느님의 축복이 가득하시길 기도하겠습니다."

카롤의 말에 집주인 아주머니의 눈가가 붉어졌다.

카롤은 떠나기 전 집을 한번 휘둘러보았다. 이제 정말 이별이었다. 하지만 이제 다시 시작이었다. 새로운 세상에서, 새로운 카롤 유제프 보이티와로 거듭나기 위해.

크라쿠프에 가까워질수록 차창 밖으로 지나가는 풍경들이 바도비체에서 보던 것들과는 사뭇 달랐다. 하늘과 땅과 나무와 구름과

산들이 풍경의 대부분을 차지하고 있던 바도비체와는 달리 사람도 많고 건물도 많고 차도 많았다. 그 번다한 풍경이 생의 활력처럼 느껴지기도 했다. 들숨으로 빨려 들어오는 공기도 바도비체의 그것과는 달랐다. 바도비체의 공기가 달콤하고도 맑았다면 크라쿠프의 공기는 어딘지 답답하고 칼칼했다. 사람들의 표정이나 옷차림도 달랐다.

그 다른 풍경들을 목도하고 있노라니 카롤은 정말 자신이 크라쿠프로 왔다는 것이 실감 났다.

원하던 상급학교로 진학하는 것도 설레는 일이었지만 보다 더 큰 세상에 대한 기대가 기분 좋은 떨림으로 카롤을 사로잡았다.

카롤은 고등학교를 졸업하기 전에 자신이 무얼 하고 싶은지, 무얼 해야 하는지 자신의 진로에 대해서 오랫동안 고민했다. 그리고 아버지와 충분히 이야기를 나눈 뒤였다.

카롤은 그랬다. 사람에 대한 이해와 사람이 어떻게 살아야 할 것인지에 대해 나름의 방식으로 진지한 탐구를 하고 싶었다. 나름의 방식, 그것은 문학이었다. 문학으로 사람을 이야기하고, 사랑을 전도하며, 세상의 가치를 설파하는 것. 문학만큼 사람을 이해하는 데 있어 적합한 것이 없다고 생각했다. 그러면서도 카롤은 건강한 육체에 건강한 정신이 깃든다는 사실을 잊지 않았다. 큰 이변이 없는 한 카롤은 자신의 꿈을 위해 열심히 달려갈 것이다.

크라쿠프에서 얻은 새 집은 바도비체에서 생활했던 것보다 더 작고 허름했다.

아버지의 수입으로는 먹고 생활하는 것만으로도 빠듯했다. 게다가 얼마 전에는 군에서 전역한 뒤 작은 공장에 다니며 두 식구의 생계를 책임지고 있었다.

아버지가 고생하시는 것을 볼 때마다 카롤은 죄송했다. 요즘 들어 아버지의 얼굴이 부쩍 더 나이 들어 보였다. 어느새 이마에는 깊은 주름이 앉고 손 마디마디도 옹이처럼 굵고 거칠어져 있었다. 눈가 역시 처졌고 음성도 예전처럼 결기가 없었다.

"아버지, 고마워요."

크라쿠프로 이사 오던 날 저녁 카롤은 아버지에게 속마음을 털어놓았다.

"뭘 말이냐?"

"이렇게 저를 위해 애쓰시는 아버지가 안타까워요. 그래서 정말 미안하고 죄송스러워요."

"오, 아니란다. 얘야. 무슨 소리를 하는 게냐?"

카롤의 말에 아버지는 놀란 표정으로 대답했다.

"공연히 제가 대학교에 가겠다고 했나 봐요. 요즘 들어 아버지가 부쩍 힘들어 하시던데 그냥 어디 취직했더라면 아버지가 좀 편하셨을 텐데……."

카롤은 죄송스러운 마음에 말을 잇지 못했다.

"오, 얘야. 그런 소리 말아라. 당연히 학교에 가야지. 나는 네가 항상 자랑스럽단다. 열심히 하는 너를 보는 것이 내게는 큰 기쁨이야. 그러니 그런 말은 말아라."

아버지의 표정이 그 어느 때보다도 자애로웠다.

"그래요. 아버지 덕분에 그동안 전 아무 걱정 없이 열심히 공부만 할 수 있었어요. 아버지가 계셨기에 전 마음 놓고 하고 싶은 공부를 할 수 있었지요. 하지만……."

카롤은 아버지가 많이 늙으셨다는 말을 하고 싶었지만 차마 할 수가 없었다. 그런 카롤의 말에 아버지의 눈가에 그렁그렁 눈물이 맺혔다.

"오, 카롤. 우리 카롤이 벌써 다 컸구나. 고맙구나. 하지만 걱정하지 말아라. 넌 지금까지 그래 왔던 것처럼 열심히 공부만 하면 된다. 그게 내게 보답하는 일이야. 넌 아마 분명히 큰 사람이 될 거야. 그러니 네 길을 가렴. 네 하고 싶은 일을 하고."

"네, 고마워요. 아버지. 하지만 아버지는 제게 너무 많은 것을 주셨어요."

"아니야. 아버지로서 당연히 해야 할 일을 한 것뿐이야."

"그렇지 않아요. 아무튼 조금만 기다리세요. 제가 열심히 공부해서 아버지에게 자랑스러운 아들이 돼 드릴게요."

"오, 카롤. 정말 고맙다. 하지만 이 아버지는 지금도 네가 자랑스럽단다. 그렇고말고. 이렇게 늠름한데, 이렇게 훌륭한데, 더 바란다면 욕심이지. 아마 하늘에 계시는 네 어머니도 흐뭇해하실 거다."

아버지는 카롤을 보고 웃었다. 아버지의 머리카락이 불빛을 받아 은빛으로 반짝였다. 옛날 바도비체에서 초등학교를 다닐 때 학교에서 돌아오면 숙제를 봐 주던 아버지가 더 이상 아니었다.

카롤은 모든 것이 행복했다. 비록 가난하지만 자신을 이해해 주고 격려해 주는 아버지가 계시고, 또 책을 읽고 친구들과 토론하는 것도 행복했다. 학교생활은 활기가 넘쳤고, 시를 짓는 것도 행복했다. 그러다 땀을 뻘뻘 흘리며 운동을 하고 나면 심신이 다 개운해졌다.

그렇게 크라쿠프에서 일 년이라는 시간이 훌쩍 지나갔다. 대학 생활 2년째에 접어든 카롤은 연극에 더 욕심이 생겼다. 기왕에 할 거면 더 열심히 해 보고 싶다는 생각이 들었다.

어느 날 카롤이 그런저런 생각들에 사로잡혀 학교 교문을 걸어 나올 때였다.

"카롤, 무슨 생각을 그리해?"

힐라니가 카롤의 곁으로 다가서며 물었다. 하지만 카롤은 힐라니가 온 지도 눈치채지 못했다.

"카롤, 내 말 안 들려?"

힐라니가 카롤의 귀에 얼굴을 가까이 가져다 대고 큰 소리로 물었다.

"응?"

그제야 카롤은 놀란 얼굴로 옆을 돌아보았다.

"힐라니, 언제 왔어?"

"무슨 생각을 하고 있기에 사람 말도 못 알아듣는 거야?"

"응……."

카롤은 멋쩍은 듯 그녀의 얼굴을 보고 웃었다.

"뭔데?"

카롤은 머리를 긁적이며 웃었다.

"말해 봐."

힐라니는 카롤의 대답을 채근했다.

"그게 말이야, 나 극단에 입단할까 봐."

"극단이라니?"

"응, 극단에 입단해서 본격적으로 연출 공부를 해 볼까 해."

"그래?"

"응. 학교에서 하는 것으로는 뭐랄까, 조금 부족한 것 같아."

"그렇구나. 그래, 카롤. 너는 잘할 수 있을 거야. 마침 스튜디오 38에서 신입단원을 모집한다고 하더라. 가 봐."

"정말?"

"그래? 고마워. 힐라니. 정말 고마워."

카롤의 얼굴이 환하게 펴졌다.

카롤은 당장 그 길로 극단 스튜디오 38로 향했다. 원래 성격이 확실하고 부지런한 터라 잠시도 망설이지 않았다. 아니, 망설일 이유도 없었다.

연극은 하면 할수록 이상한 매력이 있었다. 가상의 인물을 만들고, 그 인물들로 하여금 여러 갈등을 겪게 하고, 또 그 인물들이 갈등을 해결해 나가는 과정에서 번번이 카롤은 자신이 더 단단해지는 것을 느꼈다. 마치 자신이 그 연극 속의 인물인 것만 같았다.

카롤은 그 연극을 통해서 사람들에게 메시지를 전하고 싶었다. 아무리 어려운 일일지라도 노력과 용기를 잃지 않으면 다시 살아갈 수 있다는 것을 연극을 통해 사람들에게 이야기하고 싶었다.

카롤은 지식인들로 구성된 극단 스튜디오 38에 입단했다. 1939년 2월의 일이었다. 그곳에서 카롤은 몇 편의 연극 공연에 참여하면서 실력을 인정받았고, 이어 여러 편의 작품을 연출했다. 연출한 연극은 성공적이었다.

카롤은 너무 행복했다. 자신이 하고 싶어 하는 일을 하는 것, 그리고 할 수 있다는 것, 그건 너무 큰 행복이고 행운이었다. 꿈은 꾸는 자의 몫이었고, 성공은 그 꿈을 위해 노력하는 사람의 몫이었다.

카롤은 자신이 꿈을 꿀 수 있도록 환경을 만들어 주고, 또 꿈을 꿀 수 있도록 하며, 성공을 위해 건강한 육신을 준 것이 모두 하나님의 은총이라고 여겼다. 아무리 자신에게 재능이 있다 해도 환경이 되지 못하면 꿈만을 위해 나아갈 수 없었을 것이다. 하지만 다행히도 자신은 꿈을 꾸고 그 꿈을 위해 열정을 쏟을 수 있는 여건이 되었다. 한편으로 그것은 아버지가 그에게 쏟아붓는 애정과 노력의 결과이기도 했다.

그래서 카롤은 하루도 빼놓지 않고 하나님과 성모 마리아에게 감사 기도를 올렸다.

친구들 역시 그를 좋아했다. 무슨 일이 있을 때마다 카롤을 찾았고, 카롤 역시 마다하지 않고 친구들을 돕거나 어려움을 같이했다. 성적 역시 고등학생 시절처럼 언제나 최상위권을 유지했다. 카롤은 어느 것 하나 허투루 하지 않았다.

하지만 카롤의 조국, 폴란드의 상황은 그리 좋은 상태가 아니었다. 서쪽에는 독일, 동쪽에는 소련이라는 강대국과 서로 국경을 같이하고 있던 폴란드는 늘 이 두 나라가 신경에 쓰였다. 어느 쪽도 마음을 놓을 수가 없었다.

대학생인 카롤은 친구들과 함께 이 문제에 대해서도 진지하게 이야기를 나누었다. 그들은 언제나 나라가 부르면 달려가겠다는 의지를 불태웠다. 나라를 잃은 젊음은 꿈을 꿀 수 없다는 게 카롤과 그의 친구들의 생각이었다.

폴란드는 소련과 1932년에, 독일과는 1934년에 서로 전쟁을 벌이지 않겠다는 불가침 조약을 맺었다. 불가침 조약을 맺었다고는 하지만 전쟁에 대한 위협이 사라진 것은 아니었다. 폴란드는 늘 이두 강대국 사이에 끼어 긴장을 늦출 수가 없었다.

폴란드의 상황뿐만이 아니라 세계의 정세도 나날이 나빠지고 있었다. 금방이라도 전쟁이 터질 듯 하루하루가 긴장의 연속이었다.

그 와중에도 젊은 청년 카롤은 매사에 적극적이고 활달했다. 문학 청년으로서 현실을 고뇌하고 나라의 미래를 걱정했다. 그리고 자신의 미래에 대해서도 진지하게 고민했다. 하지만 카롤은 학생으로서 학업을 충실히 하는 것을 잊지 않았다. 자신이 현실적으로 나라에 할 수 있는 것, 그것은 보다 더 나은 실력을 갖추는 일이었다. 또 그것만큼 중요한 일도 없었다.

카롤은 시낭송 대회에 참가해 좋은 성적을 거두기도 했다. 친구들은 그런 카롤 유제프 보이티와를 시인이라 불렀다.

하지만 언제까지나 그 위험한 평화에 안주하고만 있을 수 없었다. 비극은 이미 여기저기서 싹트고 있었다. 조국 폴란드는 젊은이들을 원하고 있었다. 나라를 지키기 위해 젊은이들의 참여를 기다리고 있었다.

카롤은 우크라이나의 렘베르크 대학교에서 실시한 대학생 군 야영 실습에 참가했다. 그건 어쩔 수 없는 선택이었다. 아니, 자신이 임의대로 선택할 수 있는 게 아니었다. 대학생으로서, 폴란드 국민으로서 해야 할 의무이기도 했다.

군사교육을 받으면서 카롤은 하나님의 사랑에 대해 진지하게 고민했다. 왜 세상은 평화만으로 유지가 되지 않는지. 평화 속에서 사람들은 얼마든지 잘 살 수 있을 텐데, 왜 서로의 심장에 총부리를 겨눠야만 되는지. 하나님이 인류에게 원하는 것은 사랑과 평화일 텐데 인간은 왜 그걸 부정하고 스스로 자멸의 길로 들어가는지. 카롤은 그런 생각만으로도 마음이 아팠다.

그사이에 소련은 예술가와 군인, 장교 가릴 것 없이 2만 5000명이 넘는 폴란드인을 키친 숲으로 끌고 가 학살하는 잔인한 사건이 일어났다.

그 일로 폴란드가 술렁였다.

제2차 세계대전이 일어나다

전쟁은 절대 안 됩니다.
전쟁은 돌아올 수 없는 모험입니다…….
- 요한 바오로 2세 어록 중에서

카롤이 그렇게 자신의 꿈을 위해 하루하루 담금질할 때, 결국 우려했던 일이 현실로 나타났다.

1939년 4월, 제2차 세계대전이 일어난 것이다. 독일, 소련과 국경이 맞닿아 있던 폴란드는 위태로웠다. 사람들은 불안해했다. 어떤 사람들은 일찌감치 짐을 싸 피난을 떠났고, 남은 사람들은 예전에 맺은 불가침조약을 떠올리며 전쟁의 참화가 비껴가기를 기도했다.

카롤의 근심도 깊어 갔다. 전쟁은 하나님의 율법에 위배되는 일이었다. 숱한 살상과 파괴는 사람으로서 해야 할 일이 아니었다. 더없이 사랑하고 평화를 나누며 살아도 부족한 판에 살상과 파괴라니. 더구나 하나님께서 사랑하라고 하셨는데, 전쟁은 안 될 말이었다.

카롤은 두 손을 모으고 무릎을 꿇은 채 기도했다. 뜻있는 친구들도 함께 기도에 동참했다. 매일 들려오는 소리들은 끔찍하기 그지없었다.

사람들의 바람과는 달리 운명의 날이 다가왔다. 1939년 9월 1일 새벽 4시 45분, 폴란드의 그단스크 항에 정박해 있던 독일 함선이 폴란드를 향해 포격을 시작한 것이다. 그단스크는 폴란드의 상업 중심 도시였다. 곳곳에는 르네상스와 바로크식의 유서 깊은 건물들이 들어서 있고, 오랜 역사를 가지고 있는 만큼 도시는 매우 아름다웠다.

그단스크는 폴란드에서 조선 산업이 성한 곳이었다. 쿵쿵. 무자비하게 퍼붓는 독일군의 포탄에 그단스크의 아름다운 건물들과 항만 시설들이 무참하게 무너져 내렸다. 그단스크를 점령한 독일군은 늦추지 않고 그단스크 옆의 그디니아로 진격해 들어갔다. 그디니아는 폴란드의 주요 공업 도시였다. 그디니아 역시 독일군의 손에 넘어가면서 독일군의 진지가 되었다.

다른 한편에서는 독일군 정예부대가 국경을 넘어 폴란드로 진격해 들어왔다.

이제 스무 살, 한창 꿈을 키우고 인류애에 대한 책임과 세상에 대해 정의감으로 충만하던 시절, 카롤은 뜻하지 않게 전쟁의 소용돌이에 휘말려들게 된 것이다. 절대 침공하지 말자고, 평화를 나누자고, 굳건히 약속했던 국가 간의 조약은 그렇게 속절없이 독일의 공격으로 사라져 버렸다.

그것이 끝이 아니었다. 독일이 폴란드의 서부 지역을 점령한 데이어 소련은 이에 질세라 폴란드의 동부 지역을 점령했다. 삽시간에 폴란드는 소련과 독일의 전장이 되었다.

대학은 문을 닫았다. 한창 꿈을 꾸어야 할 나이에 전쟁이라니. 카롤은 참담한 마음이었지만 그렇다고 좌절하지는 않았다. 정의는 이길 것이고, 선은 악을 이길 것이니, 언젠가는 이 비극도 끝나리라고 생각했다. 게다가 이 전쟁은 자신한테만 국한된 문제가 아니었다. 모든 젊은이가, 모든 사람이 전쟁의 참혹함 속에서 하루하루를 힘들게 연명하고 있지 않은가.

카롤은 무언가를 해야 했다. 젊은이로서 가만히 앉아 있을 수만은 없었다. 비록 자신의 힘은 미약하나 그래도 세상을 변화시키기 위해서는 젊은 사람의 힘이 필요했다. 하지만 무얼 할 것인가. 무얼 함으로써 세상에 대고 평화를 외치고 사람 사는 길을 알릴 수 있겠는가. 인류애를 호소할 수 있는 방법은 무엇일까.

카롤은 고뇌하고 또 고뇌했다. 게다가 카롤은 당장에 먹고 사는 일도 문제였다. 그동안은 아버지가 생활을 책임졌지만 전쟁으로 공장이 문을 닫는 바람에 아버지는 일터를 잃고 집에 계셨다. 살기 위해서는 먹어야 했고, 먹기 위해서는 일을 해야만 했다. 하지만 아버지는 나이가 많은 탓에 새로운 직장을 잡기도 쉽지 않았고 일할 곳도 없었다.

설상가상으로 나치들은 청년들을 강제로 군에 입대시키기 시작했다. 카롤 역시 예외가 아니었다. 강제징집 대상에 자신의 이름이 올라가 있는 것을 본 카롤은 깊은 수렁 속으로 빠져드는 기분이었다.

카롤은 기도했다. 자신이 가야 할 길을 일러달라고 하나님과 성모 마리아께 기도하고 기도했다. 제발, 서로 죽이고 죽이는 살상만큼은 피하게 해 달라고 기도했다. 세상에 평화가 다시 찾아올 수 있게 해 달라고 기도했고, 모든 사람이 행복하게 살 수 있게 해 달라고 기도했다.

다행스럽게도 전장으로 가는 길을 피할 수 있는 방법이 있긴 했다. 하긴 폴란드 전체가 전쟁터나 마찬가지였지만 그래도 총을 드는 일만은 피할 수 있는 길이 있었다. 그것은 노동 현장이었다. 군수품을 만드는 공장이나 전쟁에 필요한 물자와 자원을 확보하는 일터였다. 어느 것 하나 쉬운 일은 없었다.

카롤은 채석장으로 가는 길을 택했다. 하루 종일 망치로 돌을 깨고 돌덩이를 날라야 하는 고된 일이었지만 사람을 향해 총을 쏘는 일보다는 나았다. 채석장의 일은 노역 중의 노역이었다. 조금이라도 허리를 펴고 고된 일에 굳어 버린 관절을 펴 보려고 하면 감독관의 날선 채찍이 날아와 살갗을 갈라놓았다. 그러니 잠시도 쉴 수가 없었다. 쩡쩡. 해머로 내려치고, 해머질에 깨진 돌덩이들은 손으로 주워 망태기에 담아 한쪽에 쌓아 놓아야 했다. 모든 작업을 손으로 다 해야만 했다.

날씨마저 추워 돌에 손을 갖다 댈 때마다 쩍쩍 손이 돌에 들러붙곤 했다. 하지만 춥다거나 힘들다고 불평할 수 없었다. 불평하면 곧바로 채찍이 날아들었고, 반항하면 총살을 당했다. 그러니 다들 이를 악물고 견뎌 내고 있었다.

젊디젊은 카롤도 힘에 벅찬 일이었다. 그렇다고 불평을 늘어놓을 수는 없었다. 한데 그때였다. 저쪽에서 자신의 주먹보다 더 큰 해머로 돌을 깨고 있던 늙수그레한 한 남자가 깊은 기침을 해대더니 그만 무릎을 꿇고 앞으로 고꾸라졌다. 제대로 먹지 못해 남자는 일어설 기력조차 없어 보였다. 쿨럭쿨럭. 기침은 점점 더 심해졌다. 어찌나 그악스러운지 기침을 할 때마다 남자의 상체가 들썩거렸다. 하지만 기침은 그칠 기미를 보이지 않았다. 남자는 숨도 제대로 쉬지 못한 채 터져 나오는 기침에 속수무책으로 쿨럭거리고만 있었다.

카롤은 감시원의 눈을 피해 재빨리 그 남자 곁으로 갔다. 남자의 팔은 한겨울, 이파리가 모두 떨어져 버린 졸가리처럼 가늘었고, 살이 없는 얼굴에는 안면 골격이 그대로 드러나 눈만 퀭한 것이 말 그대로 해골 형상이었다. 살을 에는 추위에도 불구하고 남자는 얇은 스웨터 한 장으로 한기를 견디고 있었다. 그것도 팔꿈치가 닳아 해져 있었다.

카롤은 자신이 입고 있던 외투를 벗어 그 남자에게 입혀 주고는 팔을 잡아 일으켜 세웠다.

"일어나요. 이렇게 있다간 또 매를 맞을 거예요."

매를 맞는다면 이 사람은 아마도 버티지 못할 것이다.

"오, 젊은이. 고마워요. 아무래도 나는…… 그러니 나를 버려 두고 가요. 이러다 젊은이도 저들에게 당할라."

"아니에요. 자, 나를 잡고 일어나요. 어서."

카롤은 남자의 한 팔을 자신의 어깨에 두르고 일으켜 세웠다.

"힘이 없어. 그냥 둬요. 차라리 죽는 게 낫겠어."

"무슨 말씀을 그렇게 하세요. 어서 일어나요."

"나를 놓아두고 젊은이라도 살아요. 어서."

노인의 만류에도 카롤은 그를 일으켜 세웠다. 살이 없어서 그런지 남자는 가벼웠다. 남자는 카롤이 벗어 준 외투를 걸치고서도 추운지 몸을 잔뜩 움츠린 채 떨었다. 남자의 몸은 마치 돌덩이처럼 차가웠다. 이대로 두면 남자는 죽을 수도 있을 터였다.

카롤은 외투의 단추를 잠그고 남자의 두 손을 맞잡아 비볐다. 그 틈에도 남자는 행여 감독관이 올까 봐 불안하게 눈동자를 굴리며 카롤의 손에서 자신의 손을 빼냈다. 남자의 손가락이 마치 미라처럼 말라 있었다.

카롤은 마음이 아팠다. 한때 이 사람에게도 꿈과 사랑이 있었을 것이다. 삶에 대한 열정으로 가열차게 살았던 날도 있었을 것이고, 사랑하는 가족들도 있었을 것이다. 한데 지금 이 사람에게 남아 있는 것은 공포뿐인 듯했다.

카롤은 이 사람에게 무언가 삶에 대한 희망을 말해 주고 싶었다. 용기를 잃지 말라고. 희망을 잃으면 모든 것을 잃는 것이나 다름없으니, 제발 내일에 대한 희망을 잃지 말라고 말해 주고 싶었다. 당장에 우리를 기다리고 있는 것이 암울한 현실뿐일지라도 그래도 절망하지 말고 내일을 기다리라고 말해 주고 싶었다.

"젊은이도 당할라. 저리 가요. 공연히 나 때문에 매 맞지 말고."

노인은 한사코 카롤을 밀어냈다.

채석장의 규율은 엄격했다. 누구든 남을 도우면 안 되었다. 만약 남을 돕다가 감독관의 눈에 띄기라도 하면 그 사람의 몫까지 더 안아야 했다. 때문에 사람들은 옆에서 누가 쓰러져 죽어도 모른 체 자신의 일만 했다. 그러나 인정이 모두 사라진 것은 아니었다. 누군가는 매서운 채찍을 감수하고라도 쓰러진 사람을 돕는 이도 있었다.

"자, 돌은 내가 깰 테니 가벼워 보이는 돌만 주워 날라요."

카롤은 다시 해머를 주워들었다. 외투가 없자 한기가 뼛속으로 스며들었다. 마치 잘 벼리어진 칼로 살을 저미는 듯 추위는 그악스러웠다. 하지만 카롤은 춥다는 티를 내지 않았다. 추우면 추울수록 더 힘을 내 돌을 깼다. 열심히 해머를 내리치다 보니 얼마간 추위도 가셨다.

카롤의 몸은 성한 데가 없었다. 손바닥에는 굳은살이 박이고 돌이 쪼개지면서 날아온 파편에 얼굴과 손등이 긁히기도 했다. 어느 곳에서는 피가 나왔고, 어떤 곳은 딱지가 앉아 나아가는 중이었으며, 어느 곳은 제대로 약을 쓰지 못해 상처가 덧나 진물이 흘렀다.

그래도 전장보다는 나았다. 서로 죽이고 죽이는 그런 끔찍한 살상의 현장이 아니라서 카롤은 언제나 감사했다. 그리고 빨리 전쟁이 끝나기만 기도했다.

하루 한 번 지급되는 자그마한 빵 한 덩어리가 일한 대가의 전부였다. 카롤은 그걸 가슴에 숨겨 집으로 가져왔다. 딱딱하고도 거친 빵 덩어리였지만 그것은 목숨이나 다름없었다. 그 자그마한 빵 덩어리가 있기에 지금껏 목숨을 부지할 수 있지 않았던가. 전쟁이 터진 이후 물자란 물자는 다 전장으로 실려 나가 모든 것이 부족했다. 그러니 그것이라도 감사해야 했다. 당장에 카롤 자신도 춥고 배가 고팠지만 집에서 아무것도 드시지 못한 채 자신만을 기다리고 있을 아버지를 생각하면 먹을 수가 없었다.

오후의 석양이 무심하게 카롤의 발에 걸렸다. 추위에 힘을 잃은 햇볕에는 온기라고는 없었다.

카롤은 하나밖에 없는 외투를 남자에게 벗어 주고 두 팔을 엇질러 겨드랑이에 낀 채 종종걸음으로 집으로 돌아왔다. 그렇다고 남에게 줘 버린 외투가 아깝지는 않았다. 오히려 줄 게 있다는 게 감사했고, 줄 수 있어 고마웠다. 자신에게는 젊음과 건강이라는 큰 재산이 있지 않은가.

멀리, 집이 보였다. 카롤은 걸음을 재촉했다. 아버지는 하루 종일 집에서 물로 배를 채운 채 자신을 기다리고 계실 터였다. 이 한 덩어리의 빵이 아버지에게는 유일한 양식이었다. 빵 한 덩어리의 만찬. 그 만찬은 참으로 행복했고 맛있었다. 조금씩 떼어내 입안에 넣고 오래오래 씹다 보면 그 거친 빵조각에서는 고소한 맛이 우러나왔다.

언제나처럼 문은 굳게 닫혀 있었다.

카롤은 문을 두드렸다. 그새 거리에는 어둠이 내려 있었다. 밤이 되면 사람들은 하나같이 기척을 줄이고 어둠 속에 몸을 웅크리고 숨었다. 함부로 불을 밝히고 있다가 무슨 봉변이라도 당할까 봐 불도 마음대로 켜지 못했고, 문은 꽁꽁 닫아걸었다.

"아버지, 저예요. 저 왔어요."

카롤은 소리를 낮춰 아버지를 불렀다. 카롤의 소리에 철컹, 문고리가 벗겨지는 소리가 들리더니 이내 문이 열렸다.

"오, 카롤. 어서 오너라. 세상에, 꽁꽁 얼었구나."

"아버지, 배고프시죠? 제가 빵 가져왔어요."

카롤은 모자를 옷걸이에 걸며 희미하게 불을 밝혔다. 그러고는 그 불빛이 밖으로 새어 나가지 못하도록 두터운 커튼을 쳤다.

돌덩어리처럼 딱딱한 빵이었지만 아버지는 접시를 가져와 그 빵을 두 개로 나누었다. 하지만 카롤의 몫이 더 컸다.

카롤은 자신의 앞에 놓인 접시를 아버지의 것과 바꾸었다.

"아니에요. 아버지. 저는 채석장에서 먹었어요."

"채석장에서 주면 얼마나 주겠니? 힘든 일을 하는 네가 많이 먹어야 일을 할 수 있지. 이 아버지는 걱정하지 말고 먹어."

"괜찮아요. 저는 튼튼한 걸요."

카롤은 웃으며 팔을 들어 단단하게 뭉쳐진 근육을 보여 드렸다. 하지만 아버지는 카롤에게 큰 빵이 담긴 접시를 밀어주고 대신 작은 빵이 담긴 접시를 자신의 앞으로 끌어당겼다.

"그럴수록 잘 먹어야 해. 그래야 힘이 나지. 자, 기도하자."

"그럼, 우리 공평하게 똑같이 나누어요."

카롤과 아버지는 서로 마주 보며 웃었다.

전쟁이 난 뒤 쇠붙이라고 생긴 것은 모두 군수 물자를 만드는 데 공출되고 변변한 집기라고는 없었다. 마땅히 수프를 끓일 만한 것도 없었고, 우유도 부족했다. 그저 거칠고 차디찬 빵 덩어리에 따뜻한 물이 전부였지만 카롤은 그마저도 감사하다면 감사했다. 이렇게 아버지라도 계셔서 함께 식사를 할 수 있지 않은가.

카롤과 아버지는 기도했다. 전쟁 중에 사람들이 굶지 않도록 기도했고, 빨리 전쟁이 끝나기를 기도했고, 사람들에게 평화가 깃들기를 기도했다.

아버지는 작고 딱딱한 빵을 조금씩 조각으로 떼어 입으로 가져갔다. 세상에서 가장 맛있는 음식을 먹는 것처럼 아버지의 표정이 설렜다. 카롤은 아버지가 드시는 모습을 보자 마음이 흐뭇했다. 사람들도 이랬으면 좋겠다고 카롤은 생각했다. 가진 것을 감사해하며 하루하루를 행복해하는 것. 자신들에게 없는 것을 생각하며 불평할 것이 아니라 빈한하지만 자신들이 가진 것을 감사하게 여기며 살아갔으면 좋겠다고 생각했다. 그랬으면 세상은 달라졌을 것이다.

카롤은 자신의 어린 시절을 떠올렸다. 바도비체의 그 작은 집, 골목, 비록 가난했지만 사람들은 친절하고 다정했으며, 친구들은 하나같이 구김살 없이 밝고 명랑했었다. 이웃의 불행을 내 일처럼 여기고 위로하며 함께했던 날들. 그 얼마나 평화로웠던가. 원하는 대로 얻는다 했으니 카롤은 그날을 다시 얻기 위해 정성으로 기도를 했다.

하지만 기대와는 달리 전쟁은 날이 갈수록 더욱 참혹해지고 극악해졌다. 원래 전쟁의 실상이란 그런 것이었다.

폴란드를 점령한 나치들은 광기에 날뛰었다. 인간 사냥. 히틀러는 병적으로 유대인들을 싫어했고, 나치는 경쟁적으로 유대인들을 잡아들였다. 어린아이고, 노인이고, 여자고, 남자이고를 가리지 않았다. 유대인이라면 남녀노소 가릴 것 없이 한 명도 살려 두어서는 안 된다고 했다. 이 세상에서 유대인을 없애는 것, 히틀러는 인간 청소를 하는 것이 자신에게 주어진 사명으로 생각하는 듯했다. 그들은 더 이상 인간이기를 거부한 듯했다.

사람들은 공포감에 휩싸였다. 비록 자신들이 유대인이 아니더라도 인간 사냥의 광기에 진저리를 쳤다. 나치에 동조하는 사람들도 늘어갔다. 나치가 주는 현상금과 포상에 영혼을 팔고, 다락이나 지하에 숨어 있는 유대인을 팔아넘기거나 밀고하는 사람들이 늘어갔다. 폴란드의 아우슈비츠는 죽음의 수용소였다. 잡혀 온 유대인들은 곳곳의 게토에 분산돼 수용됐지만 특히 아우슈비츠는 학살의 현장으로 악명을 떨쳤다.

좋은 곳으로 옮겨 주겠다는 감언이설에 속아 그곳으로 끌려온 유대인들도 있었고, 누군가의 밀고에 의해 그곳으로 압송돼 온 유대인도 있었다. 교수였거나 예술인이었거나 평범한 사람이었거나 성공한 사업가였거나 할 것 없이 이들은 그냥 이 지구상에서 없어져야 할 불온한 인간들에 지나지 않았다. 아우슈비츠에 도착하면 유대인들은 남녀노소 할 것 없이 모두 옷이 벗겨졌다. 마치 가축들처럼. 노역이 불가능한 어린아이와 노인과 병자는 가스실로 보내졌다. 그곳에 한꺼번에 집어넣고 독가스를 살포했다. 사람들은 그곳에서 속절없이 죽어 나갔고, 가스실의 연기는 멈추지 않았다.

유대인들은 살아 있어도 살아 있는 목숨이 아니었다. 지금은 용케 살아 있지만 언젠가는 죽을 목숨이었다. 사람들은, 아니 유대인들은 자신들의 신분을 숨긴 채 불안한 눈빛으로 하루하루를 살았다.

카롤은 마음속으로 울부짖었다. 어쩌다 사람들이 이 지경까지 되었단 말인가. 예수님은 우리를 위해 십자가를 지고 골고다 언덕으로 올라가셨는데 왜 인간은 예수님의 그 거룩한 희생을 외면한단 말인가.

카롤은 잠을 이룰 수 없었다. 노역에 부대낀 몸은 잠마저도 허용치 않았고, 복잡한 마음은 어수선한 생각들을 불러왔다.

카롤은 틈만 나면 기도했다. 잠들지 못하는 밤이면 어둠 속에서 두 손을 맞잡고 오랫동안 기도를 했다. 그 시각에도 가스실에서 죽어 가는 사람들을 위해, 밀고하는 사람들을 위해, 그리고 전쟁터에서 속절없이 죽어 가는 사람들을 위해. 고통 받는 사람들을 위해.

"오, 주님. 당신의 사랑으로 사람들에게 평화와 사랑을 주십시오. 제발 예수 그리스도의 희생이 헛되지 않게 하소서."

어느 날 밤이었다. 다들 자신들의 존재를 들키지 않으려고 어둠 속에 꽁꽁 숨어 있는 시각이었다. 한데 그 시각에 누군가가 조심스럽게 카롤의 집 문을 두드렸다. 카롤은 처음에는 잘못 들었으려니 생각했다. 그저 배고픈 고양이거나 쥐일 거라고 생각했다.

하지만 이번에는 다시 누군가가 카롤의 이름을 불렀다. 누굴까? 누가 이 밤중에 찾아온 걸까?

카롤은 머리끝이 쭈뼛 섰다. 선뜻 문을 열 수 없었다.

"누구세요?"

행여 누가 들을세라 카롤은 목소리를 한껏 낮춰 나지막하게 물었다.

"문 좀 열어 줘요. 카롤."

카롤의 물음에 돌아오는 것은 조심스러운 목소리였다.

카롤은 문을 열었다. 어둠 속에서 불쑥 어둠의 한 덩어리가 카롤을 밀치고 집 안으로 들어왔다.

"누구세요?"

카롤은 낮게 소리쳐 물었다.

"쉬!"

어둠 속에서 방문객이 카롤에게 주의를 주었다.

"누구세요?"

카롤은 불을 켤 수도 없었다. 한밤의 방문객을 다른 사람에게 들킬 수도 있음이었다.

"나야. 키드린스키."

어둠 속에서 다른 어둠의 덩어리로 뭉쳐져 있던 한 사람이 낮은 소리로 자신을 밝혔다. 키드린스키. 그는 카롤과 함께 대학에서 연극을 하던 단원이었다.

"아니, 자네가 이 밤중에 여기까지 웬일이야?"

카롤은 키드린스키를 식탁으로 데려갔다.

"누구냐? 이 밤에?"

두 사람의 기척에 잠에서 깼는지 아버지의 음성이 조심스럽게 어둠 속에서 날아왔다.

"아니에요. 아버지. 주무세요."

"무슨 소리가 났는데?"

"네. 친구가 왔어요."

"이 밤에 친구가 왔다고?"

"별일 없으니 아버지는 주무세요."

"얘야, 조심하거라."

아버지의 음성이 걱정으로 가라앉았다.

아버지가 든 방이 조용해지는 것을 기다렸다가 카롤이 바짝 키드린스키에게 다가가 낮은 목소리로 물었다.

"그래, 이 밤에 무슨 일이야?"

"자네 친구들 소식 들었나?"

"친구들이라니?"

"진카와 클로거의 부모님이 아우슈비츠에서 죽었다는군."

"오, 맙소사!"

카롤은 낮게 신음했다. 바도비체에 세 들어 살던 이층집 주인과 그의 딸, 진카가 나치에게 희생되었다는 말을 들었을 때는 가슴 한쪽이 무너져 내렸다. 진카의 환한 웃음이 아프게 떠올랐다.

"어디 이게 사람의 세상이란 말인가?"

키드린스키의 물음에도 카롤은 한동안 아무 말도 할 수 없었다. 행여나 했었는데. 그래도 잘 숨어 지내려니 했었는데 바보처럼 들키고 말다니. 애꿎게도 엽렵하게 숨지 못한 진카가 원망스러웠다.

"그래, 다른 친구들은? 다른 친구들은 무사한가?"

카롤은 침통한 마음으로 물었다.

"아직 모르네. 하지만 어찌 그들이 무사하다 장담할 수 있겠는가? 이 짐승 같은 세상에서. 다들 미쳐 날뛰고 있는데 말이네."

카롤의 입에서는 저도 모르게 기도가 새어 나왔다.

"그래서 말인데, 우리가 뭔가를 해야 하지 않겠나? 이 살상의 세상에서 더 이상 무고한 사람들이 목숨을 잃지 않도록 우리가 나서야 하지 않겠는가 말일세. 언제까지 두고 보겠나?"

키드린스키의 음성이 사뭇 비장했다. 카롤은 금방 대답하지 못했다.

"우리가 할 수 있는 방법을 찾아보세. 우리 개인의 힘은 미약하지만 뜻있는 사람들을 모은다면 분명 뭔가 할 수 있는 일이 있을 걸세."

키드린스키의 말이 이어졌다. 어둠 속에서 그의 모습이 푸르스름한 윤곽으로 잡혔다. 카롤은 고개를 끄덕였다. 키드린스키의 말처럼 할 수 있는 일이 있다면 뭐든 해야 했다. 더 이상 광기의 집단에게 사람들을 맡겨 두어서는 안 된다고 카롤은 생각했다.

"그래, 자네의 생각은 어떤가? 무슨 생각이 있어서 나를 찾아온 게 아니겠나?"

카롤의 음성에 결기가 맺혀 있었다.

"그래. 우리의 저항은 무혈 저항이 될 거야. 무폭력이지. 폭력으로 저들에게 대항한다면 우리 역시 저들과 다를 바 없는 사람들이 되겠지. 그러니 무혈, 무폭력 저항의 방법을 찾아봐야지. 그리고 무엇보다 먼저 유대인 친구들을 구할 수 있는 방법을 모색해 봐야겠지."

그날 밤, 동이 틀 때까지 카롤과 키드린스키는 머리를 맞대고 자신들이 할 수 있는 저항의 방법들을 찾았다.

그다음 날 바로 카롤을 비롯해 키드린스키와 친구들은 유대인 친구들이 안전하게 몸을 숨길 수 있는 장소를 찾아내고 유대인 친구들에게 가짜 통행증을 발급해 그곳에서 지내도록 했다. 먹을 것을 가져다주거나 전황의 소식들은 감시를 피해 돌아가면서 친구들에게 전해 주었다.

매일매일이 위태로웠다. 나치는 한 명의 유대인도 남기지 않겠다는 듯 갈수록 포악을 떨었다. 그들이 포악을 떨면 떨수록 카롤과 친구들은 한 명이라도, 하나의 목숨이라도 더 구하기 위해 더 은밀하고도 분주하게 움직였다. 먹을 것을 가져다줄 때는 미행이 없는지, 밀고자가 없는지 조심을 하고 또 조심을 했다. 몇 번이나 길을 돌고 돌아 친구들이 숨어 있는 장소로 갔고, 약속된 신호에 의해서만 문을 열어 주었다. 안으로 들어가서도 절대 화장실의 물을 내리거나 불을 밝히는 일은 하지 않았다.

낮말은 새가 듣고 밤말은 쥐가 듣는다고 했으니 행여 자그마한 기척이라도 들킨다면 그것은 바로 죽음으로 가는 신호탄이었다.

그것뿐이 아니었다. 카롤과 키드린스키는 연극 활동을 계속하기로 했다. 연극을 통해 그리스도가 이 땅에 오신 이유를 알리고, 전쟁의 부당함을 알리며 생명의 귀중함을 깨닫게 만들기로 했다.

극단 이름은 '말씀의 극단'이라고 지었다. 만약 발각된다면 카롤을 비롯해 단원들의 안전은 보장할 수 없었다. 하지만 그렇게라도 저항하는 것이 이 광기와 살육의 시대를 사는 젊은이로서 당연하게 해야 할 책무라고 생각했다.

카롤은 기도했다. 하나님께서 지켜 주시라고. 하나님께서 이룬 세상이니, 하나님께서 계획하신 대로 이 세상에 평화가 다시 찾아올 수 있게 해 달라고 기도했다.

아버지를 잃다

모든 종교가
평화를 위해 기도하는 것.
이게 바로 우리에게 필요한 거라네!
- 요한 바오로 2세 어록 중에서

저녁을 먹고 난 뒤 카롤은 어둠이 내려와 있는 창밖을 힐금거렸다. 일렁이는 촛불이 카롤의 얼굴을 더듬었고, 그 불빛에 드러난 얼굴은 비장했다.

아버지는 그런 아들의 얼굴을 걱정스러운 표정으로 지켜보았다. 가끔 아버지의 시선과 마주치면 카롤은 싱긋 웃어 보였다. 아버지도 그런 카롤을 보고 웃었지만 그 웃음에는 아들에 대한 걱정과 사랑이 묻어 있었다.

"오늘도 나가니?"

아버지가 자꾸만 밖을 살피며 서성거리는 카롤을 향해 물었다.

"네, 아버지. 오늘도 나가 봐야 해요."

"몸도 피곤할 텐데……."

아버지는 뒷말을 흐렸다.

피곤하긴 했다. 너무 피곤해 몸은 물을 먹은 솜처럼 축축 가라앉았다. 왜 아니겠는가. 하루도 쉬는 날 없이 온종일 채석장에서 돌을 깨고 나르는 일을 하다 돌아왔는데. 뼈 마디마디는 아프고 근육은 쑤셨다. 그냥 침대에 눕기만 하면 죽음과도 같은 잠에 빠져들어 버릴 것만 같았다.

정말 어떤 때는 하루 종일 자고 싶었다. 모든 것을 다 내려놓고, 꿈도 꾸지 않고 그렇게 잠만 자고 싶었다. 내일을 위해, 고단한 내일을 위해 하루만이라도 쉬고 싶었다. 하루의 휴가가 얼마나 달콤한지, 하루의 휴식이 얼마나 소중한지 카롤은 깨달았지만 자신이 그러고 싶다고 해서 할 수 있는 게 아니었다. 몸은 자신의 몸이었지만 제 마음대로 할 수 없는 몸이었고, 세상은 또 그렇게 하도록 내버려 두지 않았다. 지금 세상이 어떤 세상이던가. 흉악하고도 잔인한 세상이 아니던가?

"애야, 조심하거라."

아버지는 아무래도 마음을 놓을 수가 없다는 얼굴로 아들을 바라보았다.

"걱정하지 마세요. 오늘은 일찍 주무세요. 아버지 얼굴이 피곤해 보여요."

"나야 집 안에만 있는데 내가 왜 피곤하겠니? 하루 종일 일하는 네가 피곤하지. 내 걱정은 하지 말고 몸조심해라."

아버지는 걱정되고 불안한 심기를 감추지 못하고 거듭 당부했다.

"네. 한데 아버지 어디 편찮으신 것은 아니지요?"

그리고 보니 아버지의 얼굴에 살이 내려 있었다. 그것도 한눈에 알아볼 수 있을 만큼 수척해 보였다.

"괜찮다. 아픈 데 없어."

"정말이에요?"

"그렇대도."

아버지는 웃으면서 손으로 얼굴을 쓸어내렸다. 하지만 카롤은 마음이 아팠다. 나이 때문도 있겠지만 그보다는 제대로 드시지 못해 살이 내렸을 것이다. 매일 작은 빵 덩어리로 식사를 때우다 보니 살이 내리는 것은 어찌 보면 당연한 일이었다.

카롤은 두 손으로 아버지의 손을 잡았다.

"죄송해요. 더 잘해 드리지 못해서."

"죄송하긴 네가 왜 죄송해? 오히려 내가 미안하지. 그런 소리 마라."

아버지가 웃었다. 하지만 그 웃음마저 어딘지 힘이 없어 보였다. 카롤은 그저 아버지가 이 위기를 잘 견뎌 주셨으면 싶었다. 전쟁이 끝나고 형편이 지금보다 더 나아지면 그때는 아버지에게 좀 더 잘해 드리리라, 아버지의 손을 잡고 내심 결심했다. 하지만 그때가 언제쯤이나 될까.

카롤은 밖으로 나왔다. 세상은 온통 꽁꽁 얼어붙어 있었다. 거대한 얼음의 세상인 듯싶었다. 발을 한번 잘못 디디면 그대로 미끄러져 낙상할 것만 같았다.

살을 에는 듯한 추위가 카롤을 괴롭혔다. 한 벌뿐인 외투를 채석장의 남자에게 벗어 주고 낡은 양복에 털실로 짠 목도리를 칭칭 둘렀지만 찬바람은 기세 좋게 카롤의 몸속으로 파고들어 온기를 앗아갔다.

밤의 거리는 적막했다. 사람들은 일찌감치 잠자리에 들었거나 문을 걸어 잠근 채 숨죽이고 있었다. 혹독한 추위와 전쟁 통 속에서 사람들은 옹색하게 겨울밤을 보냈다.

카롤은 거리를 걸으면서도 주변을 경계했다. 행여 어디선가 불쑥 독일군이 나타나 그를 저지할 수도 있음이었다. 골목에서 다른 골목으로 접어들 때 카롤은 먼저 인기척을 살폈다. 행여 자신이 잡히면 다른 동료들도 위험해질 수 있기 때문이었다. 그러던 카롤은 흠칫 놀랐다. 무언가 어둠 속에서 튀어나와 빠르게 다른 쪽으로 가로질러 갔다. 어둠 속에서 움직이는 것은 모두가 공포였다.

카롤은 바짝 벽에 몸을 붙이고 숨을 죽였다. 그리고 한동안 움직이지 않고 다른 물체의 움직임을 살폈다. 다른 물체 또한 카롤의 움직임을 알았는지 더 이상 움직임이 없었다. 그렇다고 마음을 놓을 수는 없었다. 어쩌면 그쪽도 카롤을 예의 주시하고 있을 수 있었다. 그렇게 한동안 카롤은 석상처럼 움직임을 멈춘 채 상황을 살폈다. 얼마나 그러고 있었을까.

저쪽에서 먼저 움직였다. 카롤의 머리끝이 곤두섰다. 하지만 그 검은 물체는 벽을 타고 낮은 건물 지붕을 타넘었다. 고양이였다. 어디선가 주인을 잃은 고양이가 거리를 배회하며 먹을 것을 뒤지고 있는 모양이었다.

카롤은 저도 모르게 하나님을 찾았다. 자신의 실수 때문에 친구들까지 덩달아 위험해지면 안 되었다. 다행히 독일군들은 보이지 않았다. 카롤은 다시 한 번 주위를 둘러보고 가던 길을 재촉했다.

카롤의 품속에는 얼마 전에 지은 〈금 세공사의 작업장〉이라는 새로운 작품이 들어 있었다.

카롤은 마침내 어느 이층 건물의 지하 계단을 밟았다. 밖에서 볼 때는 그저 평범한 가정집이었다. 그 집 창문으로는 불빛 한 점 새어 나오지 않았다.

카롤은 심호흡을 했다. 그리고 지하로 들어오기 전, 행여 누군가에게 뒤를 밟히지나 않았는지 확인하는 것도 잊지 않았다. 다행히 뒤따라오는 이는 없었다. 하지만 한시도 마음을 놓아서는 안 되었다.

금속 손잡이가 달린 어느 현관문 앞에서 가볍게 노크를 했다. 약속된 암호에 따라 문을 두드렸다. 똑똑. 똑똑똑. 안에서는 아무런 기척도 들리지 않았다. 똑똑. 똑똑똑. 다시 한 번 문을 두드리고 나자 그제야 조심스럽게 문이 열렸다.

"어서 와요."

문을 열어 준 이는 밖을 한번 살피고는 서둘러 문을 닫아걸었다.

"다들 왔어요?"

카롤은 자신을 맞아 준 단원의 어깨 너머를 살피며 물었다.

"아니, 우리가 전부예요."

카롤은 난감한 표정을 지었다. 약속 시간은 이십여 분이나 지나 있었다. 그 역시 빨리 온다고 했지만 아무래도 뒤가 미심쩍어 돌아오느라 그만큼 시간이 지체된 터였다.

"갈수록 검문이 심해지니 아무래도 움직이기가 쉽지 않겠지요."

단원이 걱정스런 표정으로 카롤을 바라보았다.

"그렇다고 멈출 수 있는 일도 아니잖아요."

카롤은 낮게 한숨을 내쉬었다. 자그마한 소리라도 들리면 행여 동료들이 왔을까 봐 카롤은 귀를 세웠다. 시간은 계속 흐르고 있었지만 와야 할 배우들은 오지 않았다.

그렇게 얼마간의 시간이 지나고, 그사이 두 명의 동료가 더 왔지만 다른 사람은 오지 않았다. 아무래도 오늘은 연습을 하기가 어려울 것 같았다.

"오늘은 이만 돌아갑시다."

카롤이 무겁게 입을 열었다. 마음속으로는 오지 않는 동료들이 걱정되었다. 행여 그들에게 무슨 일이 있지나 않는지. 전쟁 통에는 내일이라는 시간을 기약할 수 없었다. 언제 어떻게 될지 모르는 게 전쟁의 상황이었고, 그들의 목숨이었다.

하지만 카롤은 섣불리 나쁜 추측은 하지 않으려 노력했다. 하나님이 의로운 일을 하는 그들을 지켜 주실 것이고, 그 믿음 안에서 평화와 사랑을 갈구하는 사람들에게 하나님의 말씀을 전할 수 있을 거라고 여겼다.

그 어려운 상황 속에서도 카롤과 단원들은 말씀의 극단을 해체하지 않고 공연을 이어 갔다. 발각되면 목숨을 보존하기 어려웠지만 그게 무서워 그만둘 수는 없었다.

한데 슬픔은 다른 곳에서 찾아왔다. 1941년 2월 18일, 카롤이 스물두 살이 되던 해였다. 날씨는 금방이라도 진눈깨비를 뿌릴 듯 잔뜩 으등그러져 있었다.

카롤은 아버지의 손을 잡고 하나님께 기도를 올렸다.

"오! 주님. 저희 아버지를 지켜 주시옵소서. 이 불쌍한 영혼을 지켜 주시옵소서. 평강을 주시옵소서. 오, 하나님!"

카롤의 음성이 희미하게 떨렸다.

아버지, 카롤 보이티와는 자꾸만 깊은 잠 속으로 빠져들었다. 잠이 든 아버지의 표정이 어느 때보다도 평안해 보였다. 그러다 가끔씩 깨어나서는 카롤을 무연한 눈빛으로 바라보았다. 아버지가 눈을 뜰 때마다 카롤은 웃으며 아버지의 손을 잡았다. 아버지의 표정은 무구 그 자체였다. 어떤 슬픔이나 회한, 분노, 갈등, 증오 따위의 그림자는 찾아볼 수 없었다. 마치 모든 감정이 탈수돼 버린 듯 아버지는 편안해 보였다.

"아버지, 저예요. 카롤이에요. 저를 알아보시겠어요?"

잠에서 빠져나온 아버지는 자신을 내려다보고 있는 카롤을 향해 힘겹게 눈꺼풀을 밀어 올리며 쳐다보았다.

방 안의 불빛이 위태롭게 흔들렸다. 집 안은 너무 추웠다. 모든 물자가 블랙홀처럼 전장으로 빨려 가는 통에 아픈 아버지를 위해 불 한 번 따듯하게 피울 수 없었다. 카롤은 아버지에게 너무 죄송했다. 가만히 있어도 코끝이 얼얼하고 손끝이 곱았다. 숨을 쉴 때마다 입에서는 하얀 입김이 뭉텅뭉텅 새어 나왔고, 하도 움츠리고 있었던 탓에 어깨까지 뻐근했다.

아버지가 위독하셨다. 의사를 부르고 싶었지만 부를 만한 의사가 없었다. 유대인 의사들은 아우슈비츠로 끌려갔거나 야전병원으로 차출되어 버린 통에 마땅히 부를 만한 의사가 없었다. 단지 기도 밖에는 할 것이 없었다.

"얘야, 카롤."

아버지가 힘겹게 입을 뗐다. 하지만 기운을 소진한 터라 입을 떼기도 벅찬 듯했고, 가쁜 숨에 잘려 말 한마디 내뱉기도 무척 힘이 든 듯했다.

"주님이 나를 부르시는구나."

"오, 안 돼요!"

카롤은 아버지의 손을 힘주어 잡았다. 아버지마저 떠나면 자신은 이제 혈혈단신, 외톨이가 되는 것이었다.

"불쌍한 우리 막내. 롤루시. 하지만 너무 상심하지 마라. 하나님과 성모 마리아께서 너를 지켜 주실 테니까. 암, 너는 특별한 아이니까, 지켜 주시고말고."

아버지는 힘겹게 말을 이었다. 그러고는 희미하게 웃었다.

"오, 아버지. 가시면 안 돼요. 지금 이렇게 가시면 안 돼요."

"아니다. 얘야……. 갈 때가…… 됐어."

아버지의 말이 자꾸만 잘렸다.

카롤도 알았다. 그 순간이 아버지가 이승에서 보내는 마지막 순간이라는 사실을 말이다. 카롤은 아버지, 카롤 보이티와의 손을 꼭 잡았다. 이 세상을 떠나는 아버지가 외롭지 않게.

"아버지. 고마워요."

울음을 안으로 가두고 카롤은 아버지에게 마지막 작별 인사를 했다. 카롤 보이티와. 내 아버지. 내 자랑스런 아버지. 카롤은 아버지의 손을 쓸어내렸다. 비록 아버지가 가야 하는 천국의 길을 동행하지는 못하지만 그렇게라도 세상의 마지막을 지켜 드렸다.

참았던 숨을 길게 내뱉듯 그렇게 날숨을 내뱉더니 아버지는 숨을 거두었다. 카롤은 한동안 그 자리에서 꼼짝도 할 수 없었다.

갑작스럽게 아버지를 잃은 카롤은 무언가 자신을 지탱해 주던 것이 일순 사라져 버린 기분이었다. 이제 자신에게는 아무도 없었다. 아버지도 어머니도 형도. 오롯이 저 혼자였다. 처음에는 실감할 수 없었다. 문득 고개 돌려보면 식탁에 아버지가 앉아 계시는 것만 같았고, 방 안에 들어가면 아버지가 웃으며 그를 반겨 주실 것만 같았다. 하지만 아버지는 그 어디에도 없었다. 텅 빈 집 안에는 적막감만 감돌았다.

카롤은 아버지가 그리웠다. 작업장에서 돌아오면 웃는 얼굴로 자신을 반겨 주던 아버지가 그리웠고, 늘 다정한 말로 아들을 다독여 주고 그에게 힘이 돼 주던 아버지가 그리웠으며, 힘든 일이 있을 때마다 격려와 응원을 아끼지 않던 아버지가 그리웠다. 하지만 이제 그런 아버지는 세상에 없었다. 카롤은 이제 자신이 기댈 곳은 오직 한 분밖에 없음을 알았다.

외롭고 힘이 들수록 카롤은 기도에 매달렸다. 이렇게 자신을 혼자되게 하고, 이런 시련을 겪게 하신 데는 아마도 하나님이 자신을 위해 예비하신 그 무언가가 있으리라고 확신했다. 소명. 소명일 수도 있었다. 그렇다면 하나님이 자신에게 주신 소명은 무엇일까. 분명 자기에게 이 시련을 주시는 데는 다른 이유가 있을 터였다. 아직 그게 뭔지는 모르지만 카롤은 더 꿋꿋하게 살자고 스스로 다짐하고, 하나님과 약속했다.

그랬다. 카롤은 모든 가족을 잃었다는 그 지난한 슬픔은 그 무엇으로도 위로받을 수 없었지만 그래도 하나님이 계시기에 이겨 낼 수 있었다. 자신에게는 더없이 인자하신 성모 마리아가 계시고, 자신을 보살펴 주시는 하나님이 계시기에 두려울 게 없었다. 그러니 근심할 것도 없었다. 아무리 힘들고 슬픈 일이 있어도 성모 마리아의 얼굴을 보면 이내 마음이 편안해졌다. 하루하루 열심히 최선을 다하면 되는 일이었다. 그러다 보면 분명 하나님이 자신을 위해 마련해 놓으신 소명을 알 수 있는 날이 올 것이라 여겼다.

그래서 카롤은 더욱 열심히 연극 활동에 참여했다.

전쟁은 갈수록 파괴력을 더했고, 아우슈비츠에서의 광기는 극에 달했다.

세상에는 비밀이 없는 법이었다. 아버지가 돌아가신 지 석 달쯤 되던 때, 크라쿠프의 사제들이 게슈타포에 의해 체포되었다. 나치는 공공장소에서의 기도를 금지시켰고, 종교 기관에서는 전례만 가르치도록 규제했다. 그러고는 신학교 건물을 자신들의 막사로 사용했다.

하지만 크라쿠프의 사제들은 나치의 명령에도 불구하고 몰래 신학교를 열어 학생들을 가르쳤고, 나치의 학살을 피해 성당으로 숨어든 사람들을 도와주었다. 그뿐이 아니었다. 크라쿠프의 사제들은 사람들에게 희망의 끈을 놓지 않게 하나님의 말씀을 전하고 신앙심을 가지도록 부추겼다.

하지만 게슈타포가 쳐놓은 감시의 그물을 벗어날 수는 없었다. 크라쿠프의 사제들은 게슈타포에 끌려갔고, 그곳에서 공부하던 다섯 명의 신학생들은 아우슈비츠로 끌려가 사형을 당했다.

카롤은 깊은 슬픔에 빠졌다. 어쩌다 이런 일들이 일어나는가? 정말, 하나님은 계신 건가? 계신다면 어찌 이 잔혹한 살상을 보고만 계시는가? 왜 침묵만 하고 계시는 것인가?

카롤은 하나님이 야속했다. 야속해 묻고 또 물었다.

3장

운명의 길

하나님의 예비하심

저는 여러분 가운데
사제나 수도자의 삶을 통해
사랑의 힘에 이끌려
그리스도와 형제들에게
자신의 모든 것을 나눌 사람들이 많다는 것을
굳게 믿습니다.
- 요한 바오로 2세 어록 중에서

어느 날 밤, 카롤은 잠을 이룰 수 없었다. 몸은 천근이었지만 밤이 깊어 가면 깊어 갈수록 의식은 더욱 또렷하게 살아났다. 무언가 마음속에서 설렘 같은 것이 일더니 이내 전신을 기분 좋게 감싸고 돌았다.

다른 날 같았으면 눕기 무섭게 잠에 빠져들었을 테지만 그날은 달랐다. 더 이상한 일은 시간이 가면 갈수록 몸도 가뿐해지는 것이었다. 피곤이 가시고, 마치 몸이 허공에 뜨는 듯 가벼워지기까지 했다.

그날 작업이 적었거나 쉬웠던 것도 아니었다. 작업장은 오래전에 채석장에서 화학공장으로 옮겼지만 그 일이라고 해서 결코 만만하게 여길 일은 아니었다.

　　설렘은 이내 충만함으로 뒤바뀌며 카롤을 눈물짓게 했다.

　　"하나님이 여기 계시는구나. 나와 함께 계셔."

　　카롤은 저도 모르게 혼잣말을 했다.

　　카롤은 자리에서 일어났다. 그리고 침대 밑으로 내려가 무릎을 꿇고는 두 손을 맞잡고 팔꿈치를 침대에 내려놓았다.

　　"주님, 감사합니다. 주님께서 여기 저와 함께 계심을 믿습니다. 오, 주님. 감사합니다. 감사합니다. 주님은 저의 구주이시십니다. 저를 인도하여 주십시오. 제 갈 길을 인도하여 주십시오. 제가 어떻게 해야 합니까? 저를 온전히 주님의 도구로 사용하여 주십시오. 오. 주님. 저를 인도하여 주십시오."

　　기쁨의 기도였다. 카롤은 하나님이 자신에게 손을 내미시는 것을 보았다. 하얀 빛 무리에 싸인 하나님은 빛남, 그 자체였다. 거룩한 순간이었다. 하나님이 자신을 통해 무엇을 이루고자 하시는지 그 예비하심을 깨닫는 순간이기도 했다.

　　"오, 하나님. 저는 부족합니다. 한없이 부족합니다. 저를 채워 주소서. 저에게 지혜를 주되, 교만하지 않게 하시고, 사랑으로 가득 차게 하소서."

카롤의 기도는 끝이 없었다. 어느새 창문으로 희붐하게 박명이 비쳐들고 있었다. 카롤이 기도를 끝내고 얼굴을 들었을 때 그의 표정은 기쁨으로 넘쳐났다.

지하 신학교에 들어가다

자유는
진정 값진 것이기에,
우리는 그 가치를 헤아릴 수 없습니다.
자유는
희생정신을 전제로 하는 고귀한 것입니다.
자유를 실현하기 위해서는 우리를 위협하는
모든 폭력에 저항할 수 있는 경계심과 용기가 필요합니다.
- 요한 바오로 2세 어록 중에서

간밤에 한숨도 자지 못했지만 카롤은 하나도 피곤하지 않았다. 하나님과 성모 마리아가 언제나 그의 곁에 있는 듯했다. 이제 그는 혼자가 아니었다. 그에게는 그를 돌보아 주시는 하나님이 계셨다. 그 사실을 알고는 있었지만 어제처럼 그렇듯 확연히 깨닫는 순간은 또 처음이었다.

"카롤, 무슨 좋은 일 있어?"

옆에 있던 동료가 카롤을 향해 물었다.

카롤은 대답 대신 씩 웃었다.

"뭔데? 좋은 일이 있으면 같이 나누세."

탱크에 고여 있던 폐수를 퍼내던 동료는 긴 장대 끝에 달린 바가지를 바라보며 다시 물었다.

"그래야지요. 당연히 좋은 것이 있으면 나누어야지요."

카롤 역시 큰 탱크에 고여 있는 폐수를 퍼내며 대답했다. 숨을 쉴 때마다 폐수에서 올라온 독한 냄새가 코를 찔렀다. 얼마나 독한지 한동안 일하고 나면 욕지기가 일고 심한 두통이 밀려왔다. 하지만 그 일을 잠시라도 멈출 수 없었다.

"그래, 좋은 일이 있어야지. 아직 자네는 젊으니까 말일세."

카롤은 아직 자신의 결심을 아무에게도 이야기하고 싶지 않았다. 그것은 당분간 비밀이어야 했다.

"나중에 때가 되면 말씀드리겠습니다. 그러니 그때 함께하도록 하겠습니다."

"기왕 말하려거든 지금 해. 나는 지금 당장 필요하단 말일세."

독한 냄새 때문인지 동료의 미간이 잔뜩 접혀 있었다. 카롤도 독한 냄새에 눈물까지 맺혔다.

"하지만 지금은 안 돼요."

카롤은 폐수를 피해 고개를 돌리며 참았던 숨을 내쉬듯 긴 날숨과 함께 대답했다.

"고약하군. 혼자만 좋은 일을 독차지하겠다니."

"아닙니다. 나중에 더 큰 결실을 가지고 나누겠습니다. 그때까지만 기다려 주세요."

동료는 말은 그렇게 했지만 음성 속에 불통한 기운은 없었다. 단지 힘든 노역을 견디기 위해 다른 관심거리가 필요했고, 그게 카롤과의 대화였다.

"그나저나 이놈의 전쟁은 언제나 끝이 날까?"

"조만간 끝이 나겠지요."

"전장의 소식은 좀 들은 게 있나?"

"히틀러가 고전하고 있다고 들었습니다."

카롤이 옆을 살피더니 소리를 죽여 말했다.

"듣던 중 가장 반가운 소리군. 그래야지. 암 그래야지. 신을 원망했는데, 그래도 신께서 우리를 저버리지 않으실 모양이군."

"그럼요. 우리가 매달릴 분은 하나님밖에 없습니다."

카롤은 힘을 내 양동이에 가득 찬 폐수를 다른 곳으로 옮겼다. 지독한 냄새 때문이었는지 옆의 동료는 그 말을 끝으로 입을 닫았다.

카롤은 빨리 일이 끝나기만을 기다렸다. 일이 끝나는 대로 다녀와야 할 곳이 있었기 때문이었다.

일을 끝내고 집으로 돌아온 카롤은 서둘러 저녁을 먹고 자신의 옷 중에서 가장 깨끗한 것으로 골라 입었다. 그 밤에 은밀히 다녀올 데가 있었다. 간밤에 한숨도 자지 못한 터라 몸이 피곤할 만했지만 이상하게 육신의 피곤함보다 가슴의 설렘이 더 커, 내일로 미룰 수 없었다.

카롤은 집을 나섰다. 카롤은 사제들이 체포된 뒤로도 멈추지 않고 은밀하게 지하 신학교를 열고 학생들을 가르치고 있다는 정보를 들었다. 어떤 박해와 방해 공작에도 사제들은 자신들에게 주어진 소명을 방기하지 않았다. 오히려 시련이 깊으면 깊을수록 하나님을 향하는 순정은 더 깊어 갔고, 사람들에게 희망과 사랑의 메시지를 전할 수 있는 길을 모색했다. 세상에 정의는 있으며, 선함이 악함을 이긴다는 사실을 잊지 않도록, 사람들의 마음속에 그 선함이 자리할 수 있도록 사제들은 목숨을 걸고 하나님의 말씀을 전했다.

카롤은 그 지하 신학교에 들어가고 싶었다. 자기도 그 사제들처럼 사제가 되어 사람들의 두려움과 공포를 어루만지고, 사람들이 하나님의 말씀 안에서 선하고 평화롭게 살 수 있도록 이끌어 주고 싶었다.

카롤은 지난 밤 기도를 통해 자신이 가야 할 길이 무엇인지 분명하게 깨달은 것이다. 어머니를 잃은 것도, 형제들을 일찍 보낸 것도, 아버지마저 그의 곁을 떠난 것도, 모두가 하나님이 예비하시고 성모 마리아가 그를 다른 곳에 세우기 위한 과정이었다는 사실을 깨달았다.

어둠이 내려앉은 골목은 적막감만 감돌았다. 소리가 사라진 세상에서는 어둠만이 장했다. 카롤은 숨소리도 조심했다. 하지만 마음만큼은 어느 때보다 굳건했다. 그 어둠이 조금도 두렵지 않았다. 하나님이 그와 함께 계심을 알고 있고, 또 하나님이 그를 인도하심을 알기에 무서울 게 없었다. 하지만 조심은 해야 했다. 행여 자신의 조심스럽지 못한 발걸음으로 지하 신학교에서 하나님의 말씀을 가르치고 있는 사제들과 그곳에서 공부를 하고 있는 학생들이 위험해질 수도 있기 때문이었다.

마침내 카롤은 어느 집에 도착했다. 그리고 가만히 문을 두드렸다. 그 어둠 속에서 문 두드리는 소리가 유난히 크게 살아났다. 되돌아오는 것은 정적뿐이었다. 아마도 문 저쪽에서도 이편의 정체를 살피고 있는 중일 것이다.

카롤은 조심스럽게 다시 문을 두드렸다.

"문 좀 열어 주세요."

카롤은 속삭이듯 문틈에 대고 이야기했다. 한참 만에 문이 열리고 카롤은 재빨리 열린 문 사이로 몸을 숨겼다.

실내는 어두웠다. 불빛은 희미했고 그 불빛이 밖으로 새어 나가지 않도록 창문에는 두터운 커튼이 처져 있었다. 그래도 안심이 되지 않는 듯 커다란 책장을 창문에 붙여 세워 놓아 불빛 한 점 밖으로 새어 나가지 않도록 막아 놓았다.

"형제님, 이 밤중에 무슨 일이오?"

카롤을 맞은 사람은 경계심을 늦추지 않고 카롤의 위아래를 훑어 내렸다.

"저를 신부님에게 안내해 주십시오."

"신부님이라니?"

무언가 비밀한 것을 들킨 사람마냥 카롤의 말에 남자는 눈을 둥그렇게 뜨고 반문했다.

"신학교가 이곳으로 옮겨 왔다고 들었습니다. 저를 학생으로 받아 주십사 찾아왔습니다. 이곳에서 공부하고 싶습니다."

남자는 카롤이 거짓말을 하는지, 아니면 진심으로 간청하는지 그 말의 진위를 캐기 위해 한동안 카롤을 바라보았다.

"그러고 보니 자네 혹시 바도비체에 있는 고등학교를 다니지 않았나?"

"그랬습니다."

자신을 알아보는 남자의 말에 카롤은 눈을 빛내며 대답했다.

"오, 자네를 알겠네. 알겠어. 그때 자네가 눈에 들어왔지. 단정한 이목구비에 선한 눈매. 총명해 보이는 눈. 그래, 자네가 올 줄 알았네. 하나님이 자네를 부를 줄 알았어. 졸업식 날 그 학교에서 자네를 봤어."

카롤 역시 자신의 앞에 서 있는 나이 든 사람을 기억해 냈다. 그날 카롤은 졸업생 대표로 인사말을 했고, 그 축하 내빈들 중에는 신부님도 계셨다. 그 신부님이 바로 그 앞에 서 있는 사람이었다.

"오! 신부님. 기억납니다. 기억나다마다요."

"그래. 잘 왔네. 지금 우리 교회는 자네 같은 훌륭한 젊은이들이 필요하다네. 하지만 자네도 알다시피 이 일은 몹시 위험한 일이라네. 누구도 자네의 목숨을 장담 못 해. 지난번 사건은 들어 자네도 잘 알고 있을 테지? 신학생 다섯 명이 체포돼 사형당한 일 말이네. 안타까운 일이지. 다시 말하지만 의협심만으로는 안 되는 일이라네. 그러니 당장에 자네를 들어오라고 하고 싶지만 그래도 며칠 시간을 줄 테니 한 번 더 천천히 생각해 보고 오게나."

신부님은 인자한 표정으로 카롤을 향해 말했다.

카롤은 신부님의 마음을 이해할 수 있었다. 그 역시 고민하지 않은 것은 아니었다. 어찌 고민하지 않을 수 있겠는가.

정말 한때는 문학가가 되고 싶었다. 그것도 간절히. 희곡과 시를 쓰고 연극도 하고 싶었다. 연극을 무대에 올릴 때마다 카롤은 자신이 살아 있는 것을 느꼈다. 배우들을 통해 삶이 무엇인가 돌아보고 나아갈 길을 찾으며, 또 현재의 삶을 반성하고 그 속에서 미래의 희망을 보았다. 그리고 그것을 통해 사람들에게 말했다. 그것은 정말로 근사한 일이었다. 희곡을 쓰면서 사람들을 창조하고, 그 사람들에게 성격을 주고 삶을 주고 갈등과 기쁨을 주는 일 역시 짜릿한 기뺨이었다. 그 일들을 통해 카롤은 하나님이 자신에게 주신 소명과 달란트를 깨닫곤 했다.

삶의 열정과 기쁨, 고뇌를 안겨 준 것도 문학이었다. 하지만 그 열정과 고통의 터널을 빠져나오면 보다 더 성숙해져 있는 자신을 발견할 수 있었고, 그때마다 얼마나 기뻤던가. 카롤은 자신이 문학가로 살아갈 줄 알았다. 친구들과 삶에 대해 이야기하고, 문학에 아파하면서 그렇게, 그렇게 사람들과 호흡하며 살아갈 줄 알았다.

사람들 역시 카롤이 문학가의 삶을 살아가리라 믿어 의심치 않았다. 친구들은 카롤을 시인이라 부르거나 연출가라 부르지 않았던가. 하지만 세상은 카롤이 그렇게 자신이 계획한 일을 하며 살도록 내버려 두지 않았다. 아니, 하나님이 카롤을 위해 준비해 놓은 계획이 따로 있음을 간밤의 기도로 깨달았던 것이다.

"아닙니다. 저를 받아 주십시오. 충분히 생각하고 내린 결정입니다."

카롤의 음성에 사뭇 비장함이 느껴졌다. 신부님은 한동안 아무 말씀도 하지 않고 카롤의 얼굴을 지긋이 바라보았다. 카롤의 표정은 그 어느 때보다도 결기에 넘쳤다.

얼마나 지났을까. 이윽고 신부님이 입을 떼었다.

"그래도 사제 일은 평생을 두고 해야 하는 일이라네. 한두 해로 끝나는 일이 아니란 말이네. 그러니 더 생각해 보아도 늦지 않을 걸세."

신부님의 말씀은 차분하면서도 다정했다.

카롤은 신부님의 말씀을 충분히 이해할 수 있었다. 젊은 혈기로 쉽게 결정을 내렸을까 봐 염려하시는 것이리라.

카롤은 신부님이 행여 자신이 놓치고 있는 부분을 보셨을까 봐 집으로 돌아가 다시 한 번 생각해 보기로 했다. 신부님의 말씀처럼 순간의 혈기에 내린 결정일 수도 있었다. 게다가 사제 일은 신부님이 말씀하신 대로 평생을 두고 해야 할 일이 아니던가. 그러니 신중하고 또 신중하게 생각해 결정을 내리는 것이 현명한 일이었다. 그렇게 선택한 길이라면 사제의 길을 가는 동안 흔들리는 일도 없을 것이다.

카롤은 수긋한 표정으로 신부님의 말씀을 따랐다.

"알겠습니다. 신부님의 말씀대로 다시 생각해 보겠습니다. 다시 오면 그때는 저를 받아 주십시오."

그렇게 말하는 카롤의 눈빛은 여전히 살아 있었다.

"아무렴. 그렇고말고. 나는 자네를 믿네. 아마 자네는 현명한 선택을 할 거야. 그런 자네가 다시 온다면 기쁘게 받아들이겠네. 우리에게도 자네 같은 사람이 필요하니까 말이네."

신부님은 웃으면서 카롤의 어깨를 툭툭 쳤다. 그 몸짓에서 무한한 애정과 신뢰가 묻어났다.

카롤은 어둔 길을 되짚어 집으로 돌아왔다. 하지만 그날 밤도 여전히 잠을 이룰 수 없었다. 아무리 생각해 보아도 자신이 가야 할 길은 사제의 길이었다. 하나님께서 그에게 예비하신 길이 그 길이었다. 문학은 자신에게 열정과 고뇌를 주지만, 하나님의 일은 자신에게 보다 더 큰 기쁨을 주었다. 게다가 일찌감치 가족을 잃은 그를 사랑으로 지켜 주신 분은 성모 마리아님이셨다. 그러니 그 성모 마리아가 보시기에 기쁘신 일을 하고 싶었다. 자신이 이 세상에 나온 이유에 대해서, 이 세상에 존재하는 이유에 대해서, 하나님이 자신에게 무엇을 원하는지에 대해서 카롤은 다시 한 번 깊이 묵상했다.

마침내 카롤은 자신의 뜻대로 지하 신학교에 들어갔다. 낮에는 화학공장에 나가 일을 하고 밤이 되면 신학생으로 변했다. 그래도 카롤은 조금도 피곤하지 않았다. 하루하루, 하나님의 섭리를 알아가고 하나님의 말씀에 부합되는 사람이 되어 간다는 사실에 스스로가 대견했다. 그리고 사제로서의 책임감이 묵직하게 가슴을 눌렀다. 이 살상과 학살의 시대에서 어떻게든 하나님의 말씀을 전파하고, 세상에 다시 사랑을 심어 놓아야 한다는 소명의식에 카롤은 공부에 열심을 냈다.

그게 카롤 자신이 할 일이었다. 그렇게 만들기 위해서 하나님은 그를 단련시키신 것이다. 어떤 슬픔과 고난도 이겨 낼 수 있고, 담대하게 맞서 나아갈 수 있도록 말이다.

카롤은 지하 신학교에 다니면서도 극단 판 타데우스에 참여했다. 하나님의 말씀과 권능을 알리는 데 연극만큼 좋은 것이 없다고 생각했기 때문이었다.

하지만 또다시 카롤에게 위기가 찾아왔다.

1944년 2월, 날씨는 음침했고 몹시 추웠다. 카롤은 추워 깃을 잔뜩 세우고 몸을 한껏 움츠린 채 길을 걸었다. 여느 날과 다름없이 화학공장으로 향하는 길이었다.

그때였다. 아아악! 사람의 비명이 하늘을 뒤흔들었다. 마치 쇳조각으로 쇠판을 긋는 것처럼 여자의 날카로운 비명이 들렸다. 그 여자의 비명을 듣는 것과 동시에 카롤은 맥없이 쓰러졌다. 무언가 무겁디무거운 것이 그를 들이받고 지나간 것 같았다. 하지만 그게 무엇인지 몰랐다. 동시에 카롤은 자신의 몸이 허공에 뜨는 것 같았다. 그러고는 정신을 잃었다.

깨어나 보니 병원이었다. 영문을 몰라 고개를 돌리려다 카롤은 저도 모르게 낮게 비명을 질렀다. 마치 자신을 날카로운 흉기로 무두질하는 것처럼 그악스러운 고통이 일었다. 어찌 된 영문인지 카롤은 알 수 없었다. 기억나는 것이라곤 길을 걷다 여자의 비명을 들었고, 그 비명 소리를 끝으로 기억에 없다는 것이었다.

"이제 정신이 드세요?"

머리에 흰 캡을 쓰고 흰 앞치마를 두른 여자가 카롤에게 다가오며 물었다. 간호사였다.

"어찌 된 겁니까? 여기는 어딥니까?"

카롤은 영문을 모르겠다는 표정으로 간호사에게 물었다.

"기억 안 나세요?"

"네."

카롤은 곤혹스러운 표정으로 대답했다. 조심스럽게 주변을 둘러보니 이열 종대로 침상이 놓여 있었고 몇몇 침상에 환자들이 누워 있었다.

"차에 치였어요."

간호사는 심상한 표정으로 대답했다.

"제가요?"

카롤이 간호사의 말에 놀라 되물었다.

"네. 크게 다치긴 했지만 그래도 큰 문제는 없을 거예요."

간호사는 카롤을 안심시키듯 입가에 미소를 띠며 대답했다.

차에 치였다니…… 카롤은 시간을 되돌려 조금 전 상황을 떠올렸다.

자신은 길을 걷고 있었다. 너무 추워 어깨를 잔뜩 움츠린 채 곱은 손을 양쪽 겨드랑이에 엇질러 끼고는 길을 건넜다. 그때 독일 방위군 화물차가 다가왔고 카롤은 정신을 잃었다. 그 육중한 화물차를 본 순간, 카롤은 자신이 마치 소금 기둥이 된 듯했다. 그게 전부였다. 다행히 누군가 병원으로 옮겨 와 살 수 있었다는데 그 사람이 누군지 알 수 없었다.

카롤은 얼마 뒤 사제들의 도움으로 병원에서 퇴원해 사제들이 숨어 있는 지하 신학교로 돌아왔다. 그곳에서 사제들을 도와 학교 일을 보기도 했고, 그곳에 숨어든 유대인들을 돕는 일에도 힘을 보탰다.

하지만 지하 신학교 밖 세상은 어수선했다. 전쟁도 전쟁이었지만 그보다는 사람들 가슴에 쌓인 분노가 정점에 이르렀던 것이다. 사람들은 술렁이기 시작했다. 무단으로 폴란드로 쳐들어와서는 함부로 사람들을 살상하고 파괴를 일삼는 독일군에 대한 분노로 들끓었다. 사람으로서의 자존감이나 존재감은 전쟁이라는 그 참혹한 비극 앞에서 완전히 무시되었다.

폴란드 사람은 더 이상 사람이 아니었다. 언제 어느 때 운이 나쁘면 독일군의 총칼 앞에서 무참히 죽을 수도 있었다. 게다가 유대인들에 대한 박해와 학살은 폴란드 사람들에게 사람이란 무엇인가에 대한 존재감을 환기시켜 주기에 충분했다. 사람으로서, 사람이라는 이유로, 폴란드 사람들은 더는 참을 수 없었다. 더 이상의 인내는 사람으로서의 양심과 정의를 저버리는 일이라고 생각했다. 묵계처럼 그런 결의는 사람들의 표정과 표정으로 전해졌고, 사람들은 서로의 눈빛으로 상대방의 의중을 파악했다.

8월 1일, 숨을 들이쉴 때마다 뜨거운 열기가 콧속으로 빨려 들어올 만큼 무더위가 심한 날이었다. 날은 더웠지만 이상하게 세상의 기운은 무겁게 가라앉아 있었다. 폭풍 전야 같은 기이한 적막감이 사람들로 하여금 차분히 가라앉지 못하게 만들었다.

하나 둘, 사람들은 거리로 나왔다. 약속한 듯 거리에는 비장한 표정을 한 사람들로 넘쳐났다. 드디어 독일군의 폭력에 분노한 폴란드 사람들이 바르샤바에서 독일군에 대항해 들고일어났다. 분노는 불처럼 뜨거웠고, 사람들의 행렬은 강물처럼 드셌다.

소문은 금세 폴란드 전역으로 퍼졌다. 독일군은 긴장했고, 폴란드 국민들은 비장했다. 독일과 러시아 사이에 있는 작은 나라, 폴란드. 바르샤바의 폴란드 사람들은 전체 국민들에게 새로운 저항의식을 심어 주었다. 그 저항의식으로 폴란드가 술렁였다. 그렇지 않아도 불리한 전세 탓에 어려움을 겪던 독일군은 전전긍긍했다.

빨리 그 역풍을 차단하지 못하면 상황은 걷잡을 수 없이 나빠질 터였다. 독일군은 무자비하게 폴란드인들을 탄압하기 시작했다. 삼삼오오 모여 있기만 해도 잡아들였고, 청년들은 다짜고짜 트럭에 태워 전장으로 끌고 갔다.

크라쿠프 역시 그 광기에서 비껴가지 못했다. 바르샤바에서 시민 저항이 일어난 지 닷새가 지나자 크라쿠프에 주둔해 있던 독일군 사령관은 크라쿠프에서도 사람들이 들고일어날까 봐 열다섯 살에서 쉰 살까지의 남자를 전부 잡아들이라고 명령했다. 그 명령에 아무 죄 없는 사람들이 굴비처럼 엮어 끌려갔다. 곳곳이 아우슈비츠였고, 곳곳이 지옥이었다.

다행히 카롤은 지하 신학교에 은신해 있는 터에 그 폭력을 비껴갈 수 있었다. 하나님께서 미리 카롤을 안전하게 도피시킨 셈이었다.

카롤은 저도 모르게 기도가 나왔다. 언제나 하나님의 사랑과 계획은 놀랍기만 했다. 하나님은 당신이 계획하신 일은 하나도 놓치거나 실수하지 않았다. 만약 자신이 차에 치이지 않았다면 저 역시 다른 남자들과 함께 끌려갔을 것이다. 그랬다면 생명의 안전은 장담할 수 없었을 것이다.

다행히 카롤의 회복 속도는 빨랐고 후유증도 남지 않았다. 그 역시 놀라운 일이었다. 머리를 심하게 다쳤는데도, 이렇듯 말끔히 나을 수 있다니. 카롤의 치료를 도운 사제들도 믿기지 않는다는 눈치였다.

시작이 있으면 언제나 끝이 있게 마련이었다. 끝이 나지 않을 것만 같던 전쟁도 드디어 끝을 보이고 있었다. 1945년 5월 9일, 독일은 항복 문서에 서명을 하고 세계의 전쟁은 끝이 났다. 카롤이 스물여섯 살이 되던 해였다.

사람들은 억눌린 감정이 폭발하듯 거리로 뛰쳐나와 서로를 부둥

켜안고 만세를 불렀다. 어떤 사람은 울었고, 어떤 사람은 폴란드의 국가를 불렀고, 어떤 사람은 독일군이 쓰던 막사로 쳐들어가 물건들을 부수며 그동안 쌓인 분노를 표출하기도 했다.

건물들은 부서졌고 마을은 폐허가 된 곳이 많았다. 곳곳에 불에 탄 탱크가 시꺼먼 형해만 남은 채 뒹굴고 있었고, 타다 만 나무들은 전쟁의 참사를 몸으로 증거하고 있었다.

성한 곳이 한 곳도 없었다. 평화롭고 아름답고 소박하던 나라가 전쟁의 소용돌이 속에서 철저히 찢기고 망가지고 유린되었다. 저항하면 할수록 돌아오는 것은 잔혹한 형벌이었고 슬픔이었다.

그 전쟁 통에 많은 사람이 사라졌다. 그들의 소식을 들을 수 없었다. 많은 이웃과, 친구와, 친절한 아저씨와 아주머니들이 어느 날 자취를 감추었다. 더러는 전쟁을 피해 도망가고, 많은 수의 사람들은 나치의 총부리를 피하지 못하고 아우슈비츠와 포로수용소에서 희생되었다.

카롤의 친구들도 예외가 아니었다. 많은 유대인 친구들이 독일군의 광기 어린 인간 사냥을 비껴가지 못했다. 진카, 유대인 집주인…… 그들도 엄연히 소중한 목숨이고 생명이었다.

전쟁이 남긴 상처는 끔찍하기 그지없었다. 나치는 지구상에서 유대인을 없앤다며 400만 명 이상의 유대인을 학살했다. 인종 청소였다.

폴란드 역시 만신창이가 되었다. 600만 명 이상의 폴란드 국민이 인명 피해를 입었고, 국민경제의 3분의 2 이상의 재산 피해를 입었다. 어디 그뿐일까. 전쟁이 끝나면서 폴란드는 국토가 줄어드는 비운을 겪어야만 했다. 살아남은 사람들은 그 폐허가 된 나라에서 재건을 외쳤다.

지하 신학교에서 공부를 하던 카롤은 지상으로 나왔다. 이제 본격적으로 공부를 해 보고 싶었다. 하나님의 사역을 위해. 그 놀라운 하나님의 일들을 위해. 카롤 역시 사제가 되기로 작정했다.

사제 서품을 받다

인간이 다른 사람들의 생각을 짐작하고,
또 이해하는 통로는 마음입니다.
그러나 마음은 너무나 예민하고 오묘한 것이어서
쉽게 상처를 받을 수도 있습니다.
그로 인해 어떤 사람들은 자신의 마음을 굳어지게 하는데,
이는 자신을 망가뜨리는 길입니다.
- 요한 바오로 2세 어록 중에서

엄숙한 순간이었다. 다들 긴장한 표정이 역력했다. 사람들은 다
들 말과 웃음을 아꼈고, 가장 숭고하고도 순결한 표정으로 눈을 살
짝 내리깔고는 소리를 죽여 걸어 다녔다.

간소하게 꾸려진 제단에는 촛불이 타고 있었다. 그 촛불이 타들
어 가는 것을 보고 있노라니 이상한 전율이 가볍게 온몸을 훑고 지
나갔다. 사제들이 입는 옷으로 갈아입은 사람들도 그렇고, 촛불이
타고 있는 제단도 그렇고, 그 모든 것이 참으로 은혜로웠다. 그 은
혜로움에 카롤의 코끝이 찡하니 매웠다.

하지만 카롤은 감격스러우면서도 한편으로는 담담했다. 마치 오래전에 이 순간을 경험했던 사람처럼 하나도 떨리지 않았다. 기시감이었다. 그러나 카롤은 이 기시감이 어디서부터 비롯된 것인지 이해할 수 없었다.

너무 담담하고도 당연한 일처럼 여겨져 자신이 지금 무대 위에서 연기를 하고 있는 것이 아닌가 하는 생각이 들 정도였다. 하지만 무대 위에서 연기를 한다 해도 무대가 주는 긴장감이 있었다. 그러나 지금은 그 긴장감마저도 없었다. 은혜로움과 담담함, 그리고 당연하고도 감사한 마음만 있을 뿐이었다.

11월로 접어든 날씨는 차가웠지만 카롤은 추위조차 느낄 수 없었다. 으레 추운 날이라 느끼지 못하는 것이 아니었다. 그랬다. 카롤은 자신의 운명이 이끄는 대로, 하나님과 약속했던 대로 자신이 가야 할 길을 가고 있었다. 하나님과 했던 약속을 다시 한 번 되새기면서 담담히 자기 길을 걸어가고 있는 중이었다. 오늘은 그 길을 가기 위한 하나의 통과의례였다.

카롤은 모든 전례를 순서에 따라 차분히 이행했다. 제단 밑에서 가장 낮은 자세로 엎드려 하나님께 자신의 부족함을 알릴 때는 또다시 코끝이 찡하니 매워 왔다.

카롤은 엎드려 하나님께 약속했다. 하나님의 복음을 이 세상에 전하기로, 하나님의 심부름꾼으로 살기로 약속했다. 그러니 저에게 용기를 주고 이제까지 그리해 주셨던 것처럼 늘 지켜봐 달라고 기도했다.

1946년 11월 1일, 그날은 바로 카롤이 크라쿠프의 주교 아담 사피에하로부터 사제 서품을 받는 날이었다. 전쟁이 끝난 직후 피폐해진 시간 속에서 진행되는 사제 서품식이지만 그 어느 때보다도 충만하고 의의가 컸다.

이 세상에 다시 생명 존중과 사랑과 평화의 씨를 뿌리는 것, 하나님의 사랑을 전하는 것, 그것은 사제가 해야 할 큰 숙제였다.

하지만 카롤은 공부를 더 하고 싶었다. 사피에하 주교도 그런 카롤 유제프 보이티와의 소망을 모르지 않았다.

사람들이 빠져나간 성당 안은 성스러운 적막감만 감돌고 있었다. 카롤이 내는 숨소리가 넓은 성당 안에서 공명을 품은 채 크게 울렸다. 카롤은 두 손을 맞잡고 제단 아래에 무릎을 꿇고 앉았다. 천장 가까이에 나 있는 창문을 통해 들어온 오후의 석양은 성모 마리아의 인자한 얼굴에 머물고 있었다. 그 빛으로 인해 마치 성모 마리아가 살아 있는 듯했다.

"오, 마리아여. 당신은 나의 어머니이십니다. 저의 이 마음을 밝혀 저를 인도하소서."

카롤의 입에서는 저도 모르게 기도가 터져 나왔다.

자신에게로 오라는 듯 성모 마리아는 양팔을 벌린 채로 카롤을 내려다보고 있었다.

"여기까지 인도하심을 감사하게 여기나이다. 성모 마리아여."

성모 마리아의 입가에 미소가 머물러 있었다.

카롤은 그 미소를 알았다. 어릴 때 자신의 어머니의 입가에도 그런 미소가 있었다. 어머니를 잃은 뒤 카롤은 성모 마리아에게서 어머니와 같은 미소를 발견하고는 얼마나 가슴이 뛰었던가. 어머니를 잃었지만 카롤은 또 다른 어머니를 얻었었다. 영원한 어머니, 자신을 하나님께로 인도하는 영혼의 어머니. 그 어머니가 계셨기에 카롤은 오늘이 있다고 믿었다.

"더 공부하고 싶습니다. 저에게 길을 열어 주십시오. 하지만 하나님께서 원하시는 일이 아니라면 하지 않겠습니다. 뜻대로 인도하소서."

카롤의 기도는 길고 길었다. 그 미소로부터, 자애로운 성모 마리아의 미소로부터 떨어지고 싶지 않았다. 얼마나 그러고 있었을까. 등 뒤에서 인기척이 느껴졌다.

카롤은 기도를 마치고 자리에서 일어났다.

"카롤 유제프 보이티와였군. 그래, 무슨 기도를 그리 했나?"

사피에하 주교였다. 카롤은 정중히 인사를 했다.

"네. 공부를 더 하고 싶다고 소원을 올렸습니다."

카롤의 말에 사피에하 주교는 미소를 띠며 카롤을 지긋이 바라보았다. 그리고 입을 뗐다.

"그래, 공부를 하고 싶단 말이지? 그렇잖아도 그것 때문에 자네를 찾았네."

"?"

카롤은 의아한 표정으로 주교를 바라보았다.

"자네가 공부를 더 하고 싶어 한다는 것을 알고 있었네. 신부님들과 자네에 대해서 이야기했네. 우리 수도회에서도 자네 같은 인재가 필요해. 그래서 말인데, 카롤, 자네가 공부를 계속할 생각이 있다면 도미티크 수도회에서 운영하는 안젤리움 대학교에서 공부할 수 있도록 주선해 보겠네. 자네의 성적이라면 충분히 들어갈 수 있을 걸세. 어때, 생각이 있나?"

안젤리움 대학교는 이탈리아 로마에 있었다. 이탈리아 로마라니. 그곳에는 교황이 계시는 바티칸이 있지 않던가. 카롤의 얼굴이 순간 기쁨으로 설레었다.

"오, 주교님. 감사합니다. 감사합니다. 어찌 제가 마다할 수 있겠습니까?"

카롤은 거듭 감사 인사를 드렸다. 그의 음성이 희미하게 떨렸다. 사피에하 주교는 기뻐하는 카롤을 웃으며 바라보았다.

"그래. 자네가 이렇게 기뻐하는 걸 보니 나도 좋군. 가서 열심히 공부해서 하나님께 영광을 돌리게나. 이 일은 하나님께서 자네를 도우심일세."

"네, 감사합니다. 신부님. 감사합니다."

카롤은 거듭 인사를 했다.

사피에하 주교는 여러모로 카롤을 도와준 은인이었다. 독일군이 폴란드에 진을 치고 있을 때 게슈타포에게 체포될 뻔한 카롤을 크라쿠프의 궁전에 숨겨 목숨을 구해 준 은인도 바로 사피에하 주교였다.

"감사는 하나님에게 하게."

사피에하 주교는 웃으며 제단 위에 걸려 있는 큰 십자가를 가리켰다. 카롤도 속으로 하나님께 감사 기도를 올리고 있었다. 언제나 그렇지만 하나님은 놀라운 분이셨다. 생각지도 않게 자신의 기도를 들어주시곤 했는데, 이번에도 그랬다. 그러니 카롤은 어려운 일이 있을 때마다 기도했다. 그리고 사람들에게도 그런 기도에 대해서 이렇게 힘주어 말하곤 했다.

"어려운 일이 있나요? 그러면 기도하세요. 기도만이 해답입니다. 기도하다 보면 분명 갈 길이 보입니다."

카롤은 얼굴이 발갛게 상기돼서는 자신의 숙소로 돌아왔다.

며칠 후 카롤은 로마로 갔다. 언제나 그랬지만 짐은 가벼웠다. 가방 하나가 전부였다. 그 안에는 갈아입을 속옷과 옷 한 벌, 그리고 책이 들어 있었다.

카롤은 폴란드를 떠나면서 깊은 명상에 잠겼다. 왜 이 길을 택해야 하는지에 대해 묵상했고, 앞으로 어떻게 해야 하는지에 대해서도 자신과 깊은 대화를 나누었다. 사제의 길. 그 길은 어렵고도 지난한 길이었다. 마음대로 되는 일도 아니었고, 또 그냥저냥 할 수있는 일도 아니었다. 온전히 하나님께 자신을 내놓아야만 되는 일이 사제의 길이었고, 사람들을 위해 희생하고 헌신할 각오가 없이는 될 수도 없는 일이 또 그 길이었다. 그렇다면 자신은 온전히 하나님께 내놓을 준비가 되어 있는가? 사람들을 위해서 기꺼이 자신을 희생할 각오가 되어 있는가?

카롤은 자신에게 묻고 또 물었다. 대답은 하나였다.

"하나님, 당신 뜻대로 하시옵소서. 아버지가 원하는 일에, 아버지가 계획하시는 일에 저를 온전히 도구로 쓰시옵소서. 아멘."

폴란드를 떠날 때만 해도 무언가 책임감과 의무감으로 마음 한쪽이 무거웠지만 하나님 앞에 온전히 그 짐을 내려놓자 한결 마음이 가벼웠다.

하나님께서는 나를 하나님이 계획하시는 일에 쓰시기 위해 사제의 길로 불러들이셨으니 나를 세우는 일도 알아서 하실 것이다. 다만 나는 열심히 공부하고 준비만 하면 될 터다, 그렇게 카롤은 생각하며 마음을 다잡았다.

카롤은 태어나 처음으로 폴란드 밖의 세계를 목도했다. 2차 세계대전을 치르면서 세계는 물자 부족으로 모든 것이 궁핍했지만 그래도 이탈리아의 젊은이들은 그 강렬한 태양빛만큼이나 활달하고 활기가 넘쳤다. 살아서 이 햇빛을 쬐고 청량한 바람을 맞고 살 수 있다는 것, 이 삶을 감사하고 유쾌하게 받아들이는 것, 살아 있음은 그대로 축복이었다. 비록 현실은 부족하고 예측할 수 없는 내일에 대한 두려움이 있을지라도 삶은 그대로 환희였다.

이탈리아의 젊은이들은 그랬다. 부족해도 삶을, 살아 있음을 축복이라고 여기고 있는 듯했다. 카롤은 젊은이라면 당연히 그래야 한다고 생각했다. 세상의 미래는 젊은이들이 만들고 열어가야 할 터였다. 저들이 어떠한 시련과 역경에도 굴하지 않고 자신들의 꿈을 펼쳐 나갈 때 세상의 미래도 밝고 또 발전할 수 있다고 카롤은 믿었다. 저들이 있기에, 건강한 젊은이들이 있기에 세상의 미래도 밝다고 생각했고, 그렇게 믿었다. 게다가 더 근사한 일은 자신도 저 젊은이들처럼 젊다는 것이었다. 저들처럼 꿈꿔야 할 내일이 있고, 저들처럼 그 미래를 위해 열심히 노력해야 한다는 것이었다.

카롤은 가슴이 설렜다. 여기에서 저들과 함께 못다 한 공부를 할 수 있다고 생각하니 새삼 굳은 각오가 생겼다. 얼마나 하고 싶던 공부였던가. 그 참혹한 전쟁을 겪는 동안 더는 공부를 못할 줄 알았다. 이런 날이 오리라고 어떻게 생각할 수 있었겠는가. 이 모두가 하나님의 은총 없이는 이룰 수 없는 일이었다.

카롤이 선택한 과목은 철학이었다. 그는 문학과 철학과 신학은 몸통이 하나라고 생각했다. 보다 더 깊게 인간을 이해하고 인간을 사랑하는 것. 인간에 대한 이해 없이는 인간을 사랑할 수 없다고 생각했다. 인간을 이해하기 위해서는 철학과 신학은 필수였다. 하나님을 더 깊이 사랑하기 위해서는 인간의 이해와 철학이 필요하다고 생각했다. 그러니 어찌 문학과 철학과 신학이 별개일 수 있을까.

학교생활은 즐거웠다. 엄격한 수도회의 규율에 따르다가 자유로운 시간이 주어지면 카롤은 묵상을 하며 기도를 하거나 책을 읽고 음악을 듣곤 했다. 가끔 산책도 하고 등산을 하기도 했다.

그것이 전부가 아니었다. 카롤은 보다 더 많은 것을 알기 위해 구석구석을 여행했고, 이탈리아어도 익혔다. 사람을 이해하기 위해서는 무엇보다 의사소통이 돼야 했다. 그렇게 카롤은 잠시도 허투루 시간을 쓰지 않았다.

하루하루가 즐겁고 행복했다. 간혹 불을 끄고 누우면 외로움이 막막함으로 찾아왔지만 그 외로움 또한 감사하게 여겼다. 그 외로움은 자신을 돌아보고 묵상할 수 있는 시간을 안겨 주었다. 자신이 올바로 가고 있는지, 반성할 것은 없는지, 그 외로움의 시간을 거치고 나면 영혼이 맑아지는 기분이었다.

어느 날이었다. 카롤이 자신의 짐 속에서 책을 한 권 꺼내드는데,

무언가가 책 표지에 들러붙어 딸려 나오다 바닥으로 툭 떨어졌다. 색이 바래고 모서리가 닳은 인쇄물이었다. 연극 대본이었다. 〈안티고네〉. 어떻게 이게 딸려 왔을까.

대본을 집어 든 카롤의 입에서는 저도 모르게 미소가 새어 나왔다. 이때만 해도 자신은 사제가 될 줄은 생각도 못했다. 대본을 넘겨 보는데, 중간중간 무언가 메모까지 해놓은 것이 꽤 열심이었다. 대사를 할 때 어디서 숨을 쉬어야 할 것인지, 어디서 끊어야 할 것인지, 제법 진지하게 표시를 해놓았다.

왜 지나간 것은 모두가 아름다울까. 이 시간 역시 먼 훗날 아름다울 터였다. 사제의 길을 택한 지금의 선택도 결코 후회하지 않았다.

카롤은 가끔 돌아가신 아버지 어머니를 생각했다. 그분들이 하늘에서 자신을 내려다보면 기뻐하실까? 하지만 이내 카롤은 고개를 저었다. 아직 끝난 것이 아니었다.

소풍 선교를 즐기다

정체성 없는 삶이나,
자신의 상상과 타인과의 유사성에 의해 만들어진
실상 없는 삶을 사는 것이
과연 올바른 것일까요?
아니면 용기를 가지고
진리와 참됨, 정의를 추구하며,
하느님의 자비가 세상에 드러나도록 일하고,
시련들과 맞서 싸워 얻은 대가를 누리며 사는 것이
더 올바른 것일까요?
- 요한 바오로 2세 어록 중에서

7월, 한여름의 푹푹 찌는 더위가 숨통을 막았다. 가만있어도 땀
방울이 주루룩 흘러내렸고 얼굴은 열기에 붉게 상기되었다. 땀으
로 흥건히 젖은 셔츠가 등에 쩍 들러붙어 있었다.

니에고비치까지 들어가는 차가 없어 카롤은 걸어가야만 했다.
바람 한 점 불지 않고 땅에서 올라오는 지열이 숨을 막히게 만들었
지만 얼굴에는 잔잔한 웃음이 깃들어 있었다.

이탈리아에서 공부를 마치고 폴란드로 돌아온 카롤은 니에고비
치에 있는 한 성당의 신부로 발령받아 가는 중이었다. 크라쿠프로

부터 50킬로미터쯤 떨어져 있는 니에고비치는 시골 중의 시골이었다. 마을 사람들은 많지 않았고, 그들 대부분은 농사를 짓고 있었다. 어디나 마찬가지겠지만 작은 마을의 사람들은 순박했고 정이 많았다.

카롤은 가슴을 펴고 심호흡을 크게 했다. 한껏 들이마신 날숨으로 들녘에서 자라고 있는 농작물의 달콤한 향기가 빨려 들어왔다. 그 향기가 건강했다. 농부들의 땀과 노력과 정성이 고스란히 그 향기 속에 스며 있었다. 하나님은 저 농부들처럼 정직한 사람을 사랑하셨다. 아무리 가난할지라도, 정직하게 삶을 경작하는 이들을 사랑하셨다. 하나님이 저들을 사랑하시는 것처럼 카롤 역시 농부들이 좋았다.

이제 스물여덟 살. 젊은 신부 카롤은 잠시 나무그늘에 가방을 내려놓고 땀을 식혔다. 가방이라고는 달랑 하나였다. 카롤은 살면서 그렇게 많은 것이 필요하지 않았다. 여벌로 갈아입을 옷 하나면 충분했고, 속옷도 마찬가지였다. 옷보다 책이 더 많았고, 책도 자신의 것으로 소유하지 않았다. 읽고 또 읽고 충분히 자신의 것으로 만들었다면 그 책 또한 다른 사람에게 내어 주었다.

그게 함께 사는 법이었다. 카롤은 자신의 것이 많으면 많을수록 다른 사람의 것이 적어진다고 여겼다. 자신이 가지고 있는 것을 서로 나눈다면 더 많이 가질 수 있다고도 생각했다. 그러니 카롤은 굳이 자신의 가방 안에 그 모든 것을 다 챙기려 하지 않았고, 자신의 소유로 만들려 하지 않았다. 그러면서도 카롤은 자신이 참 많은 것을 가지고 있다고 믿었다. 하나님의 사랑과 많은 이의 도움으로 공부도 할 수 있었고, 또 무엇보다 이 축복받은 자연이 있지 않은가? 더 바랄 게 없었다.

송골송골 땀이 맺혀 있는 단단한 그의 이마에 7월의 햇빛이 내려앉았다가 땀과 함께 미끄러져 내렸다. 어디 한군데 죽은 데 없는 이목구비가 카롤을 더욱 믿음직스럽게 보이도록 했다.

카롤은 손수건으로 이마의 땀을 훔쳐냈다. 하지만 날씨가 워낙 더운 탓에 방금 땀을 훔쳐낸 자리에 다시 땀방울이 맺혀 흘러내렸다.

그때 나이 든 두 명의 농부가 다가왔다. 할아버지의 손에는 괭이와 호미가 들려 있었고 할머니의 손에는 빈 양동이가 들려 있었다. 햇볕에 그을린 그들의 얼굴에는 깊은 주름이 거미줄처럼 나 있었다.

"안녕하세요?"

카롤은 정중하게 모자를 벗고 그들에게 인사했다. 못 보던 얼굴에 두 사람은 주춤하면서 호기심 가득한 눈빛으로 낯선 신부의 위아래를 훑어 내렸다.

"저는 새로 부임한 보좌 신부 보이티와입니다. 성당으로 가려면 어느 쪽으로 가야 합니까?"

새로운 보좌 신부라는 카롤의 말에 늙은 농부 내외는 반가운 표정을 지으며 거듭 고개 숙여 인사를 했다.

"아유, 죄송해요. 신부님을 못 알아뵈었네요. 그리고 이렇게 작은 마을을 찾아주셔서 감사해요."

"감사하다니요, 오히려 제가 감사합니다."

"그래도 너무 작은 마을이라 신부님께서 실망하실까 걱정됩니다."

"무슨 말씀이세요. 이렇게 평화롭고 아름다운 마을에 왔는데 제가 왜 실망하겠습니까?"

카롤은 유쾌하게 웃으며 말했다.

"그래도……."

새로운 신부의 환한 표정에 할아버지는 멋쩍은 표정으로 머리를 긁적였다.

"저희가 안내해 드리겠습니다. 저희를 따라오십시오."

"일부러 수고스럽게 그러실 필요 없습니다. 말씀해 주신다면 제가 찾아가겠습니다."

"아닙니다. 저희도 지금 일을 마치고 집으로 들어가려고 하던 중입니다. 저희 집은 성당을 지나가니까 저희와 함께 가시지요."

카롤은 두 사람과 함께 마을로 들어갔다.

그 작은 마을은 소문도 빨라서 마을 안에 새로운 사람이 나타나면 금세 마을 사람 모두가 알았다. 더욱이 카롤처럼 젊고 훤칠한 사람의 출현은 사람들의 관심을 끌기에 충분했다.

마을 사람들은 외국에서 공부까지 마치고 온 젊은 신부를 좋아했다. 어려운 문제가 있으면 젊은 신부에게 찾아와 상담했고, 카롤은 기꺼이 그들을 도왔다.

일찌감치 부모를 잃은 데다 전쟁의 시련을 함께 겪은 터라 카롤 유제프 보이티와, 그러니까 보이티와 신부는 타인의 고통이나 고생을 외면하지 못했다. 사제로서 당연히 해야 할 일이었지만 그보다는 먼저 그들의 고통이 자신의 일처럼 여겨졌다.

하지만 그 무렵 폴란드에서 세를 넓히고 있던 공산주의 정권은 성당과 사제들을 곱게 보지 않았다. 사제들은 자신들의 권력에 도전하는 불순 세력이었고, 평화를 외치는 자유 투사들은 눈엣가시였다. 게다가 교회는 폴란드의 공산 정권에 투쟁하는 반정권 단체를 암암리에 지원하고 있었고, 이 때문에 폴란드 공산 정권은 교회의 재산을 몰수하고 집회를 불허했다.

은근한 방해에도 불구하고 보이티와 신부는 공산주의와 그 권력자에 타협하지 않았다. 그런 탓에 소련의 사주를 받는 폴란드 공산 정권은 교회의 재산을 몰수하고, 주교 임명에까지 깊숙이 개입하며 교회를 탄압했다.

보이티와 신부는 공산 정권에 맞서 싸웠다. 당장에 보이티와 신부는 노동자들이 많은 노바후타 인근에 성당을 건립해 줄 것을 요청했다. 아이들에게 세례를 주고, 죽은 자들을 위해 미사를 올릴 수 있는 성당이 필요했던 것이다. 그것은 공산주의자들에게도 필요한 교회였다.

보이티와 신부는 오로지 하나, 하나님의 일을 하는 것이었다. 하나님의 사랑이 이 세상에, 이 세상 사람들에게 골고루 돌아갈 수 있도록 하는 것이 자신의 소명이라고 생각했다. 그는 그 어느 편도 아니었다.

하지만 교회 건립은 자꾸만 좌초되었다.

그 이듬해 보이티와 신부는 크라쿠프의 성 플로리안 성당 주임 신부가 되었다. 스물아홉 살 되던 해였다. 니에고비치에서 크라쿠프로 오는 그의 손에는 갈 때와 마찬가지로 작은 보따리와 책가방이 전부였다.

그의 삶은 언제나 검소하고 소박했다. 보이티와 신부는 사제라는 직분을 하나의 신분으로 생각하지 않았다. 사제는 곧 하느님의 백성으로서 하나님과 사람들을 연결시켜 주는 심부름꾼이라고 여겼다.

주임 신부가 되었다고 해서 생활이 달라진 건 없었다. 언제나처럼 젊은 신부는 기도와 묵상과 강론 준비와 교구를 돌보는 것으로 바쁜 시간을 보냈다. 아픈 사람이 있으면 어디든 마다하지 않고 달려갔고, 슬픔에 빠져 있는 사람들에게는 함께 기도하며 그들의 아픔을 나누어 가지려 노력했다.

특히 젊고 박식한 신부는 젊은이들에게 인기가 많았다. 삶과 종교와 인생에 해박한 지식과 통찰을 가지고 있는 데다 종교에 대한 신념과 믿음의 깊이는 젊은이들에게 깊은 인상을 심어 주기에 충분했다. 하여 청년들은 보이티와 신부를 좋아하고 잘 따랐다. 보이티와 역시 나라의 미래와 세계의 평화를 위해서는 젊은이들이 깨어 있어야 한다고 생각했다.

하지만 그 당시 정권을 잡은 공산당은 그런 젊은 신부를 주의 깊게 감시했다. 보이티와 신부가 하는 강론은 암암리에 기록되고 보고되었다. 때문에 자유스런 활동을 하는 데는 한계가 있었다.

보이티와 신부는 하나님이 만드신 세상을 이념으로 묶고 자유를 억압하는 일은 있어서는 안 된다고 생각했다. 어떤 때는 강하게 그들의 부당한 행위에 대해 불만을 토로했고, 젊은이들에게 평화와 자유에 대해서도 꿈을 가지라고 강조했다.

어느 날이었다. 보이티와 신부는 젊은이들과 함께 등산을 가기로 했다. 젊은 신부는 바쁜 와중에도 등산을 즐기고 틈을 내 스포츠를 즐기곤 했다. 건강한 신체야말로 하나님께서 주신 축복이라고 여겼고, 영육을 강건하게 하는 것이야말로 하나님께서 주신 축복을 감사하게 여기는 것이라 생각했다.

하늘은 맑고 날씨는 따듯했다. 곳곳에서 봄꽃이 앞 다투어 피어 있었다. 보이티와 신부와 젊은이들은 가슴을 펴고 풀냄새, 꽃냄새를 들이마셨다. 들숨에 싱그러운 봄 향기가 빨려 들어왔다. 얼굴에 내려앉은 봄 햇살이 이마를 간질였다. 그 표정들에 구김은 없었다. 혹한을 딛고 돋아난 파란 새싹들에 감탄했고, 어느새 연두색 새 옷으로 갈아입은 나무들에 경탄했다. 세상은 그렇게 새로운 모습으로 활기가 넘쳐나고 있었다. 끝나지 않을 것만 같던 지루한 겨울은 그 계절의 순환에서 힘을 잃은 채 슬그머니 자취를 감추어 버려 찾아볼 수 없었다.

젊은이들은 보이티와 신부를 앞서거니 뒤서거니 하며 그렇게 산을 올랐다. 보이티와 신부가 잠시 발걸음을 멈추고 주변을 둘러보며 땀을 닦노라면 젊은이들 역시 가던 길을 멈추고 가쁜 숨을 골랐다.

언제 보아도 폴란드의 산하는 정겨웠다. 늘 보아 왔지만 볼 때마다 새삼스럽고 새로웠다. 같았지만 그렇다고 한 번도 같은 적이 없었다. 구름이 달라도 달랐고, 어제 피어 있던 들꽃이 오늘 보면 언제 시들었는지 모르게 시들어 있었다. 그리고 그 옆에는 또 다른 들꽃이 피어났다. 하늘색도 달랐고, 산의 색깔도 달랐다.

보이티와 신부는 그런 폴란드를 좋아했다. 비록 전쟁 통에 많은 희생을 치르긴 했지만, 그래도 아직은 순박함을 잃지 않은 순정한 나라였다. 그리고 이 젊은이들이 있는 한 폴란드의 미래는 밝았다. 아니, 어찌 폴란드뿐이겠는가. 세상은 이 젊은이들로 인해 또 다른 평화가 만들어질 것이다. 젊은이들이 꿈꿀 수 있는 새로운 세상. 그들이 주인이 되는 새로운 세상을 위해 자신이 할 수 있는 일은 무엇일까.

그들이 자유롭게 생각하고 꿈꿀 수 있는 터전을 만들어 주는 것, 그것이 자신이 맡은 직분이고, 임무이자, 사명이라고 보이티와 신부는 생각했다.

보이티와 신부는 젊은이들이 건넨 물로 입안을 축이고는 쓱 입가를 닦았다. 어느 때보다도 물이 달았다. 어떤 젊은이들은 손으로 차양을 만들어 두둥실 떠 있는 하늘을 바라보고, 어떤 젊은이들은 납작 땅에 다붙어 피어 있는 풀꽃을 들여다보고 있었고, 어떤 젊은이들은 가슴을 펴고 시원한 바람을 맞았다.

이 평화로운 풍경이 보이티와 신부는 눈물이 나도록 감사했다.

비록 자신의 대학 시절은 전쟁으로 인해 분절되고 상처투성이가 되었지만 그래도 이 젊은이들이라도 마음껏 자유를 느낄 수 있어 그나마 기뻤다. 골짜기를 타고 올라온 바람결이 시원하게 보이티와 신부의 이마를 훑어 내렸다. 흡— 보이티와 신부는 그 바람을 안으로 한껏 들이마셨다.

한데 그때였다. 저쪽에서 제복을 입은 두 명의 군인이 보이티와 신부의 일행에게로 다가왔다. 순간 젊은이들의 표정이 굳어졌다.

보이티와 신부는 부드러운 미소를 지으며 주변의 청년들을 향해 말했다.

"이제부터 나는 아저씨입니다. 신부가 아니라 여러분들의 친한 아저씨입니다."

보이티와 신부의 말에 젊은이들의 입가에는 알 듯 말 듯한 미소가 번졌다.

군인들이 가까이 다가오자 청년들은 일부러 들으라는 듯 보이티와 신부를 향해 큰 소리로 말했다.

"아저씨, 우리 내기할까요? 누가 먼저 정상에 오르나 말예요."

"산에서 경쟁하면 위험해. 자신의 체력에 맞게 올라가야지, 산은 정복의 대상이 아니야. 그저 즐거운 마음으로 그렇게 오르면 돼. 누가 먼저 오르는지 경쟁하는 건 무모한 일이야."

보이티와 신부는 웃으며 대답했다. 하지만 군인들은 신부의 일행을 그냥 지나치지 않았다. 그들은 위압적인 태도로 보이티와 신부와 청년들을 불러 세웠다. 그리고 한 명씩 차례로 훑어 내렸다. 마치 비밀한 것을 캐내기라도 하려는 듯 그들을 훑는 군인들의 눈

초리가 날카로웠다.

청년들의 표정은 긴장한 듯했지만 보이티와 신부는 여유 있는 얼굴로 군인들을 향해 물었다.

"무슨 일이십니까?"

"어디 가는 길이오?"

군인의 고압적인 물음에 보이티와 신부는 웃으며 대답했다.

"어디 가는 길이겠습니까? 여기에 다른 길이 있습니까? 우리는 봄이 오는 것을 보기 위해 산에 오르는 중이오."

"이 청년들과는 어떤 관계요?"

두 명의 군인 중 한 명이 보이티와 신부와 학생들을 의심쩍은 표정으로 번갈아 바라보며 물었다.

"저희 아저씨입니다."

그때 보이티와 신부의 옆에 있던 청년이 군인의 질문에 대답했다.

"맞소? 정말 이 청년말대로 아저씨가 맞소?"

청년의 대답에 아무래도 믿기지 않는다는 듯한 표정으로 군인이 되물었다.

"그렇소."

"흠."

군인은 다시 청년들과 보이티와 신부를 한참이나 훑어보다가 돌아갔다.

군인들이 물러가고 나서도 한동안 표정을 관리하던 청년들은 그들이 더는 보이지 않자 키득키득 웃기 시작했다.

"아저씨라니요. 신부님도 거짓말을 하세요?"

그러자 다른 청년들도 따라 웃기 시작했다. 보이티와 신부 역시 얼굴 가득 웃음을 띠며 대답했다.

"그래. 하나님은 이해해 주실 거야. 그리고 사실 맞는 말이 아니냐? 내 직분이 신부이지, 사실 나이로 따지고 들자면 아저씨가 맞지 않니? 그러니 엄밀히 따지면 거짓말은 아닌 셈이지."

보이티와 신부의 말에 다들 큰 소리로 웃었다.

"앞으로는 이렇게 성당 밖으로 함께 나올 일이 있으면 아저씨로 불러라. 너희들이 공연히 다칠까 봐 걱정이 되는구나."

청년들은 고개를 끄덕였다. 그때부터 보이티와 주임 신부는 청년들 사이에서 아저씨로 불렸다.

보이티와 신부는 그게 싫지 않았다. 청년들과 친해질 수 있고 그 청년들에게 살아갈 지혜를 일러줄 수 있으면 자신은 어떻게 불리든 상관없었다. 예수님 역시 가장 낮은 자세로 사람들에게 다가가지 않았던가.

보이티와 신부가 젊은이들과 소풍을 나온 것은 이번이 처음은 아니었다. 시간이 되면 보이티와 신부는 젊은이들과 함께 소풍을 가기도 하고, 캠핑을 떠나기도 했고, 또 등산을 하기도 했다. 소풍을 통해 그들과 함께 세상을 보고, 고민하고, 살아갈 길을 살피며 하나님에 대해 이야기했다.

그게 그가 즐기는 '소풍 선교'였다.

4장

새로운 교황의 탄생

젊은이들에게 윤리학을 가르치다

우리는
자연환경을 해치는 행위가
우리의 양심을 짓누르는
중죄임을 알아야 합니다.
창조주 하느님을 거스르는
그 죄에는
커다란 책임이 따릅니다.
- 요한 바오로 2세 어록 중에서

하느님이 카롤 유제프 보이티와를 위해 예비하신 그 길이 무엇
인지 알 수 없었다. 한데 보이티와 신부에게 새로운 기회가 주어졌
다. 1954년 서른네 살의 나이에 루블린 가톨릭 대학교의 교수가 된
것이다. 학생들에게 가르칠 과목은 윤리학이었다. 윤리학. 윤리 신
학에 등장하는 철학을 강의하는 일이었다.

사람들은 열두 시간씩 기차를 타고 가야 하는 그 일이 너무 힘들지
않을까 걱정했지만 보이티와 신부는 그 걱정을 웃으며 물리쳤다.

"괜찮습니다. 학생들을 만나는 일은 참 신이 나는 일입니다. 학

생들을 볼 때마다 저는 에너지가 솟아나곤 합니다. 인류는 그 학생들에 의해 발전해 나갈 것이고 행복해질 것입니다. 그러니 학생들과 함께 있는 시간이 소중하고 귀중합니다. 그 일은 하느님께서 제게 주신 또 다른 소명이기도 합니다."

하지만 사람들은 반신반의했다. 열두 시간씩 기차를 타고 이동해야 하는 거리는 아무리 건강한 사람일지라도 무리였기 때문이었다. 그것도 정기적으로 오가야 한다는 것은 생각만으로도 지치기에 충분했다. 하지만 보이티와 신부는 사람들의 염려를 불식시켰다.

보이티와 신부는 기차로 이동하는 시간에 책을 읽었다. 그 시간만큼 아무에게도 방해받지 않고 책을 읽기 좋은 시간도 없었다. 한때 문학에 심취해 시인이 되거나 연극 연출가가 되고 싶었던 보이티와 신부는 그 시간 동안 포한이 들린 듯 책을 읽었다. 문학에만 국한되지 않았다. 철학, 과학, 문학 등 여러 방면의 책을 두루 읽거나 사색에 잠겼다. 틈틈이 어학 공부에도 시간을 투자했다. 그러니 보이티와 신부에게는 그 시간이 소중했다. 바쁜 교구 일 탓에 언제 차분히 책 읽을 시간이 없었는데, 기차로 이동하는 시간만큼은 오롯이 자신의 시간으로 쓸 수 있기 때문이었다.

1956년, 폴란드에서는 자유의 바람이 불었다. 폴란드의 노동자들은 소련의 사주를 받는 공산 정권에 항거하고, 주교들은 암암리에 이들을 도왔다. 공산 정권은 이에 대한 보복으로 많은 주교와 추기경을 체포하고 연금시켰다. 하지만 10월, 비신스키 추기경은 37개월 만에 연금생활에서 해제돼 자유의 몸이 되었고, 다른 주교들 역시 석방되었다.

하지만 폴란드에서 불기 시작한 봄바람과는 달리 세계는 여전히 불안했다. 소련은 탱크를 앞세워 헝가리를 무력 점령했다. 여전히 자유는 불안했고 평화는 요원했다.

보이티와 신부는 대학생들의 모임을 만들었다. 그는 젊은이들의 지도자이자 영적인 안내자였고, 그들에게 기도하는 법을 가르쳤다. 기도가 하기 싫을 때는 묵상을 권했다. 그리고 미사에는 빠짐없이 참석해야 한다고 강조했다. 젊은이들은 보이티와 신부의 수업을 통해 철학적 기초를 쌓아 나갔다.

젊은 주교 돈 보이티와

사랑하십시오.
그것은 본질적으로 다른 사람들에게
자신을 내어 주는 것입니다.
대접받는 사람이 되지 않도록
조심하십시오.
사랑은
다른 사람들에게로 향하는 의지를 의식적으로 드러내는
결단입니다.
- 요한 바오로 2세 어록 중에서

 1958년은 보이티와 신부에게 잊을 수 없는 해였다. 7월 4일 서른아홉 살의 나이로 크라쿠프의 서품 주교로 임명을 받았고, 이어바로 두 달 뒤인 9월 28일에는 교황 비오 12세의 추천으로 폴란드최연소 주교로 서품을 받았다.

 최연소 주교. 교회에서는 그만큼 보이티와 신부가 필요했다.

 주교 서품을 받은 보이티와 신부는 좌우명으로 'Totus Tuus(나는 온전히 당신의 것입니다)'라는 내용의 문장을 새겨 넣었다. 이 좌우명은 보이티와 신부가 시련을 당할 때마다 힘이 되곤 했었다. 자신의 영혼을 받아 주고 자신을 붙잡아 일으켜 세워 준 성모 마리아와 하나님이 계셨기에 오늘의 자기가 있다고 보이티와 신부는 믿었다. 그러니 어찌 다른 것을 생각할 수 있겠는가.

Totus Tuus(나는 온전히 당신의 것입니다).

이 문장은 자신의 생명이 끝나는 날까지, 하느님의 부름을 받아 저 하늘나라로 갈 때까지 계속될 것이다.

돈 보이티와는 미사를 집전하기 전이면 언제나 침묵했고 명상에 잠겼다. 그것은 성스러운 활동에 임하기 전에 내면의 준비를 하기 위함이었고, 그만큼 자신을 정화하기 위한 일련의 의식이었다.

그리고 시작하기 전 15분 동안은 항상 무릎을 꿇고 감사 기도를 했다. 보이티와 신부가 하나님과 만나는 장소는 소성당이었다. 크고 웅장한 본당이 아닌, 소박하고 검소하고 아담한 소성당이 감사 기도를 올리고 하나님을 만나기 좋은 장소였다.

그는 그곳에서 될 수 있는 한 오래 있고 싶었다. 그곳에서 하나님이 말씀하시는 것을 들었고, 하나님에게 물었고, 하나님과 대화를 했다. 주교관에 있는 날이면 무슨 일이 있어도 밤 11시까지 소성당 바닥에 엎디어 기도를 했다. 그 시간이 가장 평안했다. 또 그 시간이 가장 적묵했고 평화로웠다. 그리고 하나님이 옆에 계심을 느끼는 시간이었다.

보이티와 신부는 사람들에게 고해는 빠뜨리지 말라고 강조했다. 고해는 자기 정화였다. 예수님이 사람들의 죄를 대속해 십자가에 못박혀 죽으심을 당했는데, 예수님의 죽음을 헛되이 하지 않기 위해서는 사람들이 자신의 죄를 반성하고 사함을 받는 것이 중요했다.

그래서 보이티와 신부는 대학생들에게 기도의 중요성을 역설했다. 자신의 죄를 돌아보고 회개하고 용서를 받음으로써 다시 고결하고 순결한 삶으로 돌아가라고 일렀다. 기도를 통해 앞으로 나아가는 것, 순결하고 정결한 삶을 사는 것, 기도를 통해 희망을 이야기하고 그렇게 사는 것을 강조했다.

고해와 기도는 영적인 바탕이었다. 그는 고해와 기도가 없이는 진실한 삶을 살 수 없다고 생각했고, 삶의 참 기쁨도 알 수 없다고 생각했다.

보이티와 신부 자신도 고해를 게을리 하지 않았다. 사람들에게 가르치기 이전에, 학생들에게 강조하기 이전에 자신이 몸소 실천했다. 자신 역시 다른 신부님을 찾아가 매주 고해를 했고, 특히 큰 축일이나 전례를 앞두고서는 고해를 빠뜨리지 않았다. 사람들은 고해성사를 위해 프란체스코 수도회에서 다른 고해자들과 함께 줄을 서서 차례를 기다리는 보이티와 신부를 볼 수 있었다. 그는 자신을 알아보는 사람들을 향해 웃어 보이며 하나님의 축복을 기원하는 성호를 그었다.

젊디젊은 주교 보이티와는 모든 것을 파격적으로 운영했다. 오래전부터 보이티와 주교는 교회는 사람들과 함께해야 한다고 생각했다. 하나님은 낮은 자를 사랑하시고, 가난한 자를 더 사랑하신 분이셨다. 그러기 때문에 교회와 사제는 늘 낮은 자세로 사람들과 함께해야 한다고 믿었다.

한데 당시의 사제들은 그러지 않았다. 높은 제단에서 사람들과 분리된 채 그렇게 성스러운 모습으로 미사를 집전하고 사람들을 대했다. 사제는 하느님의 대리인으로서 사람들로 하여금 존경심을 갖게 했다. 때문에 사람들에게 하나님의 한없는 사랑이 제대로 전달되지 않았다. 돈 보이티와는 그게 서운했고 안타까웠다. 낮아지기 원하면 저절로 높아지는 법이거늘.

어느 날 보이티와 신부는 자신을 돕는 신부에게 말했다.

"교구의 중요한 일을 사제들이 도맡아 하려 하지 마세요. 신도들에게도 참여의 기회를 주세요. 그들도 같은 하나님의 양들입니다."

그 말에 신부는 놀란 얼굴로 보이티와 주교를 바라보았다.

"치에스엘스키에게 합당한 직무를 주세요. 다른 사람도 마찬가지에요. 그들 개개인이 잘하는 것, 잘할 수 있는 일을 따져 특정한 임무를 주거나 직무를 주세요. 그분들에게 보다 더 많은 책임을 주세요. 교회 안에서 그분들이 더 커 나갈 수 있도록 기회를 주세요. 우리는 그것을 지켜보고 도와주면 돼요. 그리고 우리 사제들은 새로운 복음에 더 힘을 써야지요."

"그래도…… 다른 주교님에게도 한번 여쭤 봐야 하지 않을까요?"

신부는 아무래도 걱정이 된다는 듯한 표정이었다.

"우리는 모두 하나님의 양입니다. 그리고 그 임무를 통해 더 성숙해지지요. 그러니 그분들을 믿고 맡겨 봐요. 우리는 해야 할 일이 너무 많아요. 교회가 더 성장할 수 있도록 우리는 노력해야 해요. 아마 다른 주교님들도 찬성하실 겁니다."

돈 보이티와는 망설이는 신부를 향해 웃으며 이야기했다.

돈 보이티와는 일일이 신자들을 찾아다니며 하느님의 사랑을 알렸다. 환자가 있는 가정은 아무리 바쁘더라도 발길을 재촉해 가서 기도를 해 주었고, 결혼하는 젊은 남녀에게는 결혼 서약과 함께 하느님의 이름으로 축하해 주었다. 그리고 그 부부가 아이를 낳으면 기쁜 마음으로 세례를 해 주었다.

하지만 공산당국은 그런 보이티와 신부가 눈엣가시였다. 사람들로부터 인기가 높아 가면 높아 갈수록 그들의 감시는 더욱 노골적이었다. 하지만 보이티와 신부는 그들을 미워하지 않았다. 그들도 하나님의 사람들이므로 그들을 위해서도 기도를 아끼지 않았다.

"주님, 저들이 아직 하느님을 알지 못합니다. 저들에게 은총을 내리사, 저들이 하느님을 알게 하시고, 저들에게 축복을 내려 주십시오."

젊은 주교 보이티와는 옆에서 걱정을 할 만큼 열정적으로 일을 처리해 나갔다. 그는 피정과 명상을 했고, 기도의 날에는 당국의 감시에도 굴하지 않고 젊은이들을 만났다.

보이티와 주교가 가장 많이 관심을 가진 일 가운데 하나가 젊은이들과 함께하는 것이었다. 그는 젊은이들과 함께 성소를 찾는 것은 물론, 순례 여행을 떠나기도 했다. 순례 여행을 하는 동안 그들은 영적으로 서로 깊이 소통했고, 젊은이들은 보이티와 주교에게 깊은 영향을 받았다. 그 젊은이들은 후일에 의사나 교수, 엔지니어가 되어 폴란드를 이끌어 나갔다.

바티칸 공의회에 참석하다

세상은 하느님의 자비를 이해하고 받아들여야 합니다.
인류는 가끔 악의 힘이나 이기주의, 두려움에 지배당하기도 하고,
그것으로 인해 길을 잃기도 합니다.
하지만 부활하신 주님은,
당신의 사랑을 통해
우리를 용서하시고 우리와 화해하십니다.
그리고 우리에게 희망을 갖게 하십니다.
- 요한 바오로 2세 어록 중에서

폴란드의 상황은 더욱 나빠지고 있었다. 세계는 민주주의와 사회주의 양 진영의 냉전구도로 치달으면서도 공산주의는 자신들의 이념을 더욱 공고히 하기 위해 개인의 기본적 자유까지도 박탈했다.

가톨릭 국가인 폴란드에서도 무신론 운동이 전개되었다. 하지만 공산 정권의 조직적인 방해에도 불구하고 폴란드의 신학교들에는 젊은이들로 넘쳐나고 억압받는 자유 투사들에게 교회는 좋은 지원 세력이 돼 주었다.

1962년 봄, 이탈리아 로마에서는 교회 개혁을 논의하기 위한 바

티칸 공의회가 열릴 예정이었다. 사제들은 바티칸 공의회에 참석하기 위해 이탈리아로 가기 위한 여권을 신청했지만 폴란드 정부는 더 이상 가톨릭의 확산을 막기 위해 단 두 명에게만 여권을 내주었다. 대주교와 크라쿠프의 젊은 주교, 바로 돈 보이티와였다.

바티칸 공의회에 참석한 보이티와 주교는 그곳에서 많은 것을 배웠다. 교회에 대해서, 신앙적으로, 그리고 사제로서 앞으로 무슨 일을 어떻게 해 나가야 되는지에 대해서, 보다 구체적으로 계획을 세우고 결심할 수 있었다.

보이티와 주교는 평소에도 평신도들 역시 사제들과 함께 그리스도의 교회를 만들어 나가야 한다고 생각했다. 세계 교회주의나 미사를 집전하는 데 따른 전례의 개혁은 물론이거니와, 평신도들이 교회생활에 더 적극적으로 참여하는 것이 중요하다고 생각했다.

보이티와 주교는 바티칸 공의회에서 오간 내용을 소수만이 알고 있는 것이 아니라 모든 주제와 토론들을 개방해 교회 밖 또는 젊은 이들이 알 수 있기를 희망했다. 그 공의회는 보이티와 주교에게 많은 생각을 안겨 주었다. 그리고 영적으로 클 수 있는 시간이었다.

그곳에 모인 사제들의 생각은 보이티와 주교와 달랐다. 하지만 그들은 폴란드에서 온 젊은 주교를 기억했다.

2차 바티칸 공의회는 그렇게 보이티와 주교에게 잊을 수 없는 중요한 한 사건이었다. 크라쿠프의 젊은 주교는 바티칸 공의회를 통해 폴란드의 상황을 알리고, 가톨릭의 새로운 시대를 알렸다. 보이티와 주교는 그리스도 안에서 인간의 역할을 강조하고, 복음서를 통한 양심이나 고백의 자유를 누릴 권리를 보호하는 내용들을 역설했다. 특히 보이티와 주교는 '인간의 품위, 가정과 세계 교회'라는 테마로 글을 쓰고, 미래의 사목 현장이 될 '기쁨과 희망'이라는 제목으로 공포를 했다. 젊은 주교의 이런 당당하고도 확신에 찬 주장은 다른 사제들에게 깊은 인상을 남기기에 충분했다.

보이티와 주교는 자신의 신념에 따라 행동했다. 하나님의 말씀 안에서 명상하고, 묵상하며, 기도를 통해 자신의 신념을 행했다.

바티칸 공의회에 다녀온 뒤 보이티와 주교는 크라쿠프의 대주교로 임명되는 영광을 얻었다. 그리고 1967년 6월 28일, 보이티와 주교는 추기경이 되었다.

하지만 추기경 보이티와를 기다리고 있는 것은 정부의 살벌한 감시였다. 그의 행동 하나하나, 말 한마디 한마디는 빠짐없이 도청되고 감시를 받았다. 교회가 내부 분열을 일으키도록 정부는 조직적으로 공작을 펴기도 했고, 보이티와 추기경의 강론은 문장 하나하나 분석되어 보고되었다.

추기경 보이티와는 보이지 않는 수행원을 데리고 움직였다. 보이지 않는 수행원, 그들은 바로 정부의 명령으로 보이티와 추기경을 감시하는 비밀요원들이었다. 가까이서 혹은 멀찌감치 떨어져 보이티와 추기경을 따르는 그들은 애써 자신들의 모습을 감추려고 하지도 않았다. 늘 성당 길 건너편에는 감시 요원들이 있었고, 보이티와 추기경이 움직일 때면 그들도 따라 움직였다.

그들과 마주치면 보이티와 추기경은 웃으며 손을 흔들어 주었다. 그리고 그들에 대해 이렇게 말했다.

"저들은 나의 수호천사야. 얼마나 고마운 이들인지."

보이티와 추기경이 손을 흔들며 웃으면 그들은 애매한 표정으로 고개를 돌리거나 목례로 답하기도 했다. 짧지 않은 시간 동안 추기경을 따라다니던 그들은 추기경의 올곧은 인류애와 신앙심에 마음이 동화되었다.

어느 날 공산 정권에 저항하며 노동자 보호위원회에서 일을 하던 한 대학생이 시체로 발견되었다. 5월, 따뜻한 기온에 온 대지가 스멀스멀 풀어지던 날이었다. 온 나라가 그 대학생의 주검으로 술렁였다. 젊은이들은 분노했고, 그 분노로 정부에 대한 불신이 높아만 갔다. 서둘러 정부는 그 대학생의 사인을 술에 취해 계단에서 떨어져 사망했다고 발표했다. 주검에는 상처가 너무 많았고, 그 외에도 석연치 않은 구석이 많았다. 정부의 발표를 곧이곧대로 믿는 사람은 아무도 없었다.

학생들은 사흘간의 애도 기간을 선포하였다. 그리고 젊은이들은 죽은 대학생의 장례 미사를 계획했다. 폴란드의 군인들이 크라쿠프로 모여들었다. 누군가는 내전 가능성까지 입에 담았다.

보이티와 추기경은 이 사건에 격노했다. 아무리 정부에 저항하는 단체에서 일을 하고 있더라도 그렇듯 자국의 대학생을 무참하게 죽음으로 내모는 일은 용납할 수 없었다. 보이티와 추기경은 성스타니스와프의 축일을 맞아 성인을 기리는 축하 행진을 하기로 했던 당초의 계획을 취소하고 그 청년을 위한 장례 미사를 진행하기로 했다.

그 자리에서 추기경 보이티와는 강경한 어조로 말했다.

"어떻든 인간의 자유는 존중되어야 합니다. 어떤 이유에서든지 이를 억압해서는 안 됩니다."

그때 하늘에서는 비행기 한 대가 선회하며 보이티와 추기경의 연설을 방해했다. 젊은이들은 그 비행기를 향해 야유를 퍼부었고, 보이티와 추기경은 그 비행기를 향해 인사를 했다. 비행기를 띄워 보이티와 추기경의 연설을 방해했지만 추기경의 우렁차고도 부드러운 메시지는 그곳에 모인 수천 명의 젊은이들에게 강렬한 인상을 심어 주었다.

그 일뿐만이 아니었다. 직업학교에 다니던 한 남학생이 있었다. 가톨릭 신자들이 그렇듯 그 남학생은 항상 예수님의 거룩한 희생과 사랑을 상징하는 십자가를 목에 걸고 다녔다.

어느 날 교장이 그 학생을 교장실로 불렀다.

"십자가를 벗어라. 십자가를 걸고 오면 학교에 올 수 없다."

교장의 음성에는 그 학생에 대한 경멸이 섞여 있었다.

하지만 젊은이는 이를 거절했고 곧바로 퇴학을 당했다. 그리고 어머니까지 교장에게 불려와 면담을 해야 했다.

"나는 내 아들이 자랑스럽습니다. 종교의 문제는 제 아들이 스스로 해결해야 할 문제입니다. 아들이 그렇게 하겠다면 저 또한 어쩔 수 없습니다. 그리고 저 또한 아들과 다르지 않습니다."

강압적으로 아들의 종교를 나무라는 교장 앞에서 학생의 어머니는 당당하게 말했다.

이 일은 곧 보이티와 추기경의 귀에도 들어갔다. 추기경 보이티와는 이번에도 미사를 통해 강한 어조로 정부를 비난했다.

"하나님은 저희에게 사랑과 평화와 온유함을 말씀하시는 분이십니다. 어떤 폭력도 안 된다고 말씀하시는 분이 바로 하나님입니다. 하나님은 평화를 사랑합니다. 한데 평화와 사랑과 온유함을 말씀하시는 하나님을 믿어서는 안 된다는 사람은 도대체 어떤 사람들입니까? 그런 하나님을 믿지 말라는 정부는 도대체 어떤 정부입니까?"

보이티와 추기경은 평화로운 방법으로 투쟁하는 길을 찾았다. 그리고 갖은 폭압과 무력으로부터 젊은이들을 보호하고 도와주었다.

젊은이들만이 아니었다. 어려운 이가 손을 내밀면 기꺼이 그들의 도움의 손을 잡았고, 기꺼이 그들의 바람막이가 돼 주었다.

새 교황이 탄생하다

두려워하지 마십시오!
문을 여십시오.
그리스도께 문을 활짝 여십시오!
그리스도가 가진 구원의 권능을 향해
국가의 경계를 허물고
경제, 정치, 체제, 문화, 문명, 발전의
다양한 영역의 문을 활짝 여십시오.
- 요한 바오로 2세 어록 중에서

1978년 9월 29일, 추기경 보이티와는 칼바리야 성소에서 차를 마시며 쉬고 있었다. 그날은 마침 성 벤체슬라우스의 축일이자 자신이 주교 서품을 받은 지 꼭 20년이 되는 해였다. 보이티와 추기경은 성 벤체슬라우스의 축일을 기념하고 다시 한 번 하나님과의 약속을 떠올리며 그 어느 때보다도 엄숙하게 미사를 진행했다. 그러고 나서 차 한잔을 하는 중이었다.

어쩌면 조금 전 미사는 하나님께 드리는 자신의 약속이었다. 지금까지 열심히 살아오지 않은 것은 아니었지만 이전보다 더 성실하고 뜨겁게 살리라 하나님과 성모 마리아에게 다짐하는 시간이었다.

바람이 선선했다. 그 바람에 살랑살랑 춤추는 나뭇잎들이 금빛으로 반짝였다. 자신을 아름답게 드러내는 저 나뭇잎들은 모두 하나님께서 만드신 작품들이었다. 이 얼마나 경이로운 일인지. 하지만 하나님이 만드신 것들 가운데는 저 나무보다 더 아름다운 것이 있었다. 영롱한 다이아몬드도 넘볼 수 없는 아름다움을 지닌 것. 값으로 매길 수 없는 것, 저 혼자 스스로 빛나는 것들, 그것은 바로 사람이었다.

보이티와 추기경은 모처럼 여유 있는 마음으로 그 모든 것들을 바라보았다.

그때였다. 운전기사 무하가 헐레벌떡 달려와 보이티와 추기경을 찾았다.

"무슨 일인데 그리 급하시오?"

보이티와 추기경은 의아한 표정으로 가쁜 숨을 몰아쉬는 무하를 바라보며 물었다.

"추기경님, 추기경님!"

"그래, 대체 무슨 일이오?"

"교황 성하께서, 요한 바오로 1세께서……."

"교황님께서 뭘 어쨌다는 거요?"

"서거하셨습니다."

서거라니? 보이티와 추기경은 자신의 귀를 의심했다. 바오로 1세는 불과 한 달 전에 바오로 6세의 뒤를 이어 교황에 오르신 분이다. 한데 서거라니? 한 달밖에 안 되었는데 서거라니? 보이티와 추기경은 도대체 그 소식이 믿기지 않았다.

"허허. 그 무슨 해괴망측한 소리란 말이오?"

보이티와 추기경의 물음에 무하는 같은 말을 되풀이했다.

"요한 바오로 1세께서 서거하셨답니다."

보이티와 추기경의 표정이 무섭게 굳어졌다. 그러고는 말없이 일어나 소성당으로 들어갔다. 방금 전까지의 여유로운 시간이 슬픔과 상실로 뒤바뀌었다.

보이티와 추기경은 언제나 기도할 일이 생기거나 힘든 일이 있으면 소성당에 들어가 몇 시간씩 엎드려 기도를 하곤 했다. 어둠이 보이티와 추기경을 내리 덮을 때까지 그는 움직임 없이 그대로 엎드려 기도만 했다. 아무도 그 시간을 방해할 수 없었다. 그 시간은 오롯이 추기경과 하느님만의 시간이었다.

기도는 오랫동안 계속되었다. 왜 이런 일이 일어났을까? 불과 33일 만에 두 명의 교황을 잃다니.

보이티와 추기경은 33일 전, 바티칸에서 새로운 교황을 선출하는 콘클라베에 참석하고 돌아왔었다. 한데 그 건강해 보이던 교황께서 선종하시다니 믿기지 않았다.

하지만 보이티와 추기경은 무언가 하느님께서 계획하고 계시는 일이 있으리라고 믿었다. 그것이 무엇인지는 알 수 없었다. 다만 하나님이 하시는 일은 한 치 오차도 없이 계획하신 대로 진행된다는 것만 알았다. 하나님, 당신 뜻이 무엇입니까? 무엇인데, 그리 빨리 교황 성하를 데려가셨습니까?

보이티와 추기경은 새 교황을 선출하기 위해 열리는 콘클라베에 참석하느라 다시 이탈리아 로마로 날아갔다.

콘클라베에 들어가기 전 보이티와 추기경은 아벤티노 신학원에 들러 그곳에 거주하고 있는 사제들과 먼저 인사를 나누었다. 아벤티노 신학원은 보이티와 추기경이 로마에 올 때마다 묵던 곳이었고, 언제나처럼 사제들은 보이티와 추기경을 반갑게 맞이해 주었다. 그들은 짧은 시간에 두 명의 교황을 잃은 것에 대해 슬퍼하면서도 서로 말을 아꼈다.

아무도 새로운 교황에 대해 쉽게 예측할 수 없었다. 하지만 뭔가 이전과는 달랐다. 보이티와 추기경을 대하는 다른 추기경들의 태도나 분위기가 한 달 전과는 판이하게 달랐다.

10월 15일, 첫날은 두 이탈리아 출신 추기경들이 새로운 교황 후보로 거론되었지만 선출되지 못했다. 그 와중에 조심스럽게 보이티와 추기경의 이름이 오르내렸다. 추기경들은 바티칸 공의회에서 보여 준 보이티와의 열정과 해박한 지식에 그를 눈여겨보기 시작했고, 바티칸 공의회 이후 그가 보여 준 실천의 의지에 더더욱 보이티와 추기경을 신임했다.

보이티와 추기경은 그저 침묵했다. 그 모든 것은 하나님의 뜻이라 여겼다. 하지만 마음 한편으로 설레는 것도 사실이었다. 하지만 그런 마음이 들 때마다 자신의 교만함을 회개하고 하느님께 좋은 교황이 선출될 수 있기를 기도했다.

10월 16일 오전, 첫 번째 투표에서도 교황은 선출되지 못했다. 하지만 크라쿠프에서 온 추기경이 그날 첫 번째 투표에서 상당한 표를 얻었다는 소식이 들렸다. 어떤 사람은 후보 물망에 오른 그 사람이 보이티와 추기경과 함께 온 비신스키 추기경이라고 말했다.

보이티와 추기경은 그저 침묵했다. 교황은 하느님의 계획하심이 있어야만 가능한 일이었다. 한데 두 번째 투표를 앞두고 잠시 쉬고 있을 때 비신스키 추기경이 보이티와 추기경의 방으로 그를 만나러 왔다.

"오, 추기경님. 어서 오십시오."

보이티와 추기경은 자리에서 일어나 비신스키 추기경을 반갑게 맞으며 의자를 권했다. 비신스키 추기경의 얼굴이 여느 때와 달리 발그레 물들어 있고, 표정 또한 어딘지 달떠 있는 듯했다. 하지만 보이티와 추기경은 새 교황 선출 때문이려니 생각했다. 조만간 선출될 새 교황에 대한 호기심과 궁금증, 그건 보이티와 자신도 마찬가지였다.

비신스키 추기경은 보이티와 추기경이 권하는 의자에 앉더니 잠시 기도를 드렸다. 기도가 끝나기를 기다렸다가 보이티와 추기경은 비신스키 추기경에게 차를 한잔 권했다.

"보이티와 추기경!"

비신스키 추기경은 보이티와 추기경이 건네는 찻잔을 받아들고는 상기된 얼굴로 보이티와 추기경의 얼굴을 바라보며 불렀다. 그러고는 보이티와 추기경의 표정을 살피는 듯 잠시 말을 끊었다.

"네, 말씀하시지요."

보이티와 추기경은 자신보다 한참이나 연상인 비신스키 추기경의 말을 기다렸다.

"놀라지 마시고 제 이야기를 끝까지 들어주세요. 그리고 내 부탁을 절대 거절하지 말아 주세요."

진중하고도 강경한 비신스키 추기경의 말에 보이티와 추기경은 의아한 표정으로 되물었다.

"무얼 거절하지 말란 말씀인지요? 추기경님께서 제게 부탁하실 일이 무엇인지 저는 도무지 알 수 없습니다."

"먼저 약속부터 하세요. 거절하지 않겠다고."

"네. 추기경님께서 하라면 하지요. 한데 제가 무얼 어떻게 하면 되지요?"

보이티와 추기경은 미소를 지으며 대답했다. 비신스키 추기경은 작정한 듯 보이티와 추기경의 얼굴을 빤히 바라보며 입을 뗐다.

"아마 곧 있을 오후 투표에서 보이티와 추기경께서 새로운 교황으로 선출될 것으로 보입니다. 그러니 만약 새 교황으로 이름이 불려지면 그때는 부디 거절하지 마시고 수락해 주세요."

비신스키 추기경의 말에 보이티와 추기경은 화들짝 놀랐다. 하마터면 들고 있던 찻잔을 놓친 뻔했다.

"설마요. 설마 제가 되겠습니까? 만약 제가 새로운 교황이 된다면 그 막중한 임무를 어찌 수행해 낼 수 있겠습니까?"

"아닙니다. 아니에요. 많은 추기경의 생각이 보이티와 추기경에게로 옮겨 오고 있어요. 지난번 바티칸 공의회 때 보이티와 추기경이 보여 준 일련의 자세와 생각들이 꽤 인상이 깊었던 모양이에요. 그러니 거절하지 마세요."

"전 이탈리아인도 아닙니다."

보이티와 추기경은 희미하게 고개를 가로저었다.

"그러니 더더욱 거절하시면 안 됩니다. 이제 변해야 합니다. 새 교황은 3000년기(2000년에서 2999년 까지)에 교회를 인도하는 새 임무를 맡게 될 것입니다. 이제까지 계속해서 이탈리아 출신의 추기경이 바티칸을 맡아 왔어요. 보이티와 추기경이 공의회 때 교회도

바뀌어야 한다고 역설했듯이 이제 교회도 새로운 교황이 필요할 때입니다. 그 새 교황이 보이티와 추기경입니다. 보이티와 추기경의 어깨에 앞으로의 교회의 미래가 달려 있습니다. 게다가 보이티와 추기경이 새로운 교황이 되신다면 조국 폴란드에게도 커다란 영광이 될 것입니다."

비신스키 추기경은 간곡하게 부탁했다. 보이티 추기경은 한동안 말없이 앉아 있다 조용히 고개를 끄덕였다. 하나님께서 그리하라 시면 그리하는 것이었다.

"알겠습니다. 만약 그런 일이 생긴다면 비신스키 추기경님의 말씀대로 하지요."

"그럼 수락하실 걸로 믿습니다. 투표장에서 뵙지요."

비신스키 추기경은 보이티와 추기경의 손을 잡았다 놓았다. 자신의 두 손을 잡은 비신스키 추기경의 손에서 만만치 않은 악력이 느껴졌다.

보이티와 추기경은 얼떨떨했다. 정말, 정말, 하나님께서 나를 위해 예비하신 길이 이 길이란 말인가? 정말 내가 새 교황이 될 것인가? 이게 꿈은 아닐까? 묻고 또 물었다.

잠시 후 보이티와 추기경은 떨리는 마음으로 오후 두 번째 투표에 참석했다.

투표가 이뤄지는 실내는 정숙하고도 엄정했으며 성스러웠다. 다들 입을 굳게 다물고 하느님의 축복이 임하기를 기도했다.

보이티와 추기경은 옛 친구인 막시밀리안 데 푸르스텐베르크 곁으로 갔다. 보이티와가 사제 서품을 받을 때 그 친구는 이렇게 말했었다.

"하느님께서 여기 계셔 자네를 부르네."

그 친구가 보이티와 추기경을 보고 목례로 인사를 했다. 보이티와 추기경 역시 조용히 그의 곁에 앉았다.

드디어 투표가 진행되었다. 보이티와는 모든 것을 하나님 뜻에 따르기로 작정했다. 하나님이 그리하라시면 하는 것이었다. 그는 이미 오래전에 하나님께 바친 몸이었다. 하나님 뜻에 의해 살아왔고, 앞으로도 그러할 터였으니 새삼 안 한다, 못 한다 할 일이 아니었다. 설령 자신이 못 한다고 도망가더라도 하느님은 당신의 계획대로 자신을 쓰시고 세우실 것이다.

마침내 보이티와 추기경은 새로운 교황으로 선출되었다. 총 여덟 번에 걸쳐 이루어진 투표에서 보이티와 추기경은 99표를 얻어 교황으로 선출되었다. 이탈리아인이 아닌, 슬라브인으로는 최초의 교황이었다. 투표에 참가했던 모든 추기경이 새로운 교황에게 다가와 경의를 표했다. 얼마 전까지만 해도 이 젊고 패기 넘치는 추기경이 교황이 되리라고는 아무도 생각하지 못한 일이었다.

그사이 시스티나 성당의 굴뚝에서는 새로운 교황 선출을 알리는 흰 연기가 새어 나왔다. 초조하게 새로운 교황의 탄생을 숨죽여 기다리던 성당 밖, 광장의 신자들은 굴뚝에서 피어오르는 흰 연기에 일제히 환호성을 울렸다. 그 흰 연기는 새로운 교회의 탄생을 알리는 신호와도 같았다.

아무도 슬라브인이 교황이 되리라고 예측하지 못했듯 교황의 고국인 폴란드에서도, 크라쿠프에서도 카롤이 새로운 교황으로 선출되었다는 소식을 믿지 못하였다. 축구를 잘하던 롤렉, 연극무대 위에서 멋지게 대사를 외우고, 독일군에 대항해 유대인들을 돕던 카롤이 교회를 책임질 새로운 교황이 되었던 것이다. 하지만 이내 그들은 카롤을 받아들이며 자신들의 일처럼 크게 기뻐했다.

콘클라베에서 자신의 이름이 호명되는 순간, 보이티와 추기경의 머릿속에는 지나간 일들이 스쳐 지나갔다. 처음으로 사제 서품을 받던 순간부터 나치에게 체포될 뻔한 일, 유대인 친구들을 잃었던 일 등등 지나간 일들이 빠르게 머릿속으로 흘러갔다.

노바후타에서 성당을 짓기 위해 투쟁하던 날은 더더욱 새로웠다. 그때 거의 완공을 앞두고 있던 성당을 행여 정부에서 파괴해 버릴까 봐 크리스마스이브 미사를 야외에서 봉헌했었다. 그날은 유독 눈보라가 심하게 몰아쳤었다. 하지만 그깟 추위쯤

은 문제가 되지 않았다. 성당을 지키기 위해서라면 그 어떤 시련
도 견딜 자신이 있었다. 그런 날이 있었기에 오늘이 있었다고 카
롤 유제프 보이티와는 생각했다. 그 모든 시련들을 통해 자신이
더 단단해질 수 있도록 하나님이 자신을 훈련시키신 것이라고 여
겼다.

바티칸에서는 교황이 선출되면 경당 근처 자그마한 방으로 데려
가 의식에 필요한 준비를 했다. 그 방의 이름은 '눈물의 방'이었다.
그만큼 교황의 일이 험난하고도 외롭다는 뜻이었다. 그곳에서 새
교황은 교황의 의복인 수단을 입고, 궁무처장에게서 새로 만들어
진 반지를 받았다. 그리고 의례에 따라 바티칸 대성당의 바깥 발코
니로 나가 광장에 모인 수많은 군중에게 축복의 메시지를 전해야
했다.

새로운 교황으로 선출된 카롤 유제프 보이티와는 광장에 운집해
있는 군중들을 보고는 뜨거운 감정이 복받쳐 올라왔다.

"저 사람들에게 몇 마디 인사를 건네도 됩니까?"

새 교황이 입을 수단을 준비하고 있던 사제는 아직 안 된다고 대
답했다.

"안 됩니다. 교황님께서 메시지를 전하실 시간은 따로 있습니다.
의식의 순서에 따라야 합니다."

하지만 새 교황 보이티와는 바깥 발코니로 향했다. 당장에 자신

을 보기 위해 모인 저 수많은 군중에게 하느님의 사제로서 인사를 하고 축복을 주고 싶었다. 하나님의 일에 인간이 만든 자질구레한 규제나 속박들은 부질없는 것이라 생각했다. 하나님의 영광을 드높이고, 최고의 정성을 다해 미사를 드리는 것에는 동의했지만 그 밖의 것들은 오히려 신자들로 하여금 교회로부터 멀어지게 하는 장벽이라고 여겼다.

보이티와는 의식의 순서를 고집하는 사제에게 웃어 보이고는 발코니로 향했다. 새로운 교황이 모습을 드러내자 광장에 모인 수많은 사람이 일제히 환호성을 질렀다.

"예수 그리스도는 찬미를 받을지어다!"

카롤 유제프 보이티와, 새 교황은 말했다. 저도 모르게 새어 나온 메시지였다. 그것은 거역할 수 없는 어떤 힘이었다. 교황의 말이 떨어지자마자 군중들이 화답했다.

"항상 찬미를 받을지어다!"

새 교황은 이탈리아어로 인사를 했다.

"여러분들의, 우리들의 언어인 이탈리아어로 설명할 수 있을지 모르겠습니다."

새 교황이 이탈리아어로 인사를 하자 광장에 운집한 군중들은 우레와 같은 인사를 보냈다.

다음 날 정식으로 새 교황은 라틴어로 인사말을 작성하고, 라틴어로 연설을 했다. 공의회의 실현과 세계를 향한 개방, 세계 교회 운동과 가톨릭교회의 정화 등을 담은 내용이었다. 그 연설문 안의 내용은 보이티와가 교황으로 있는 동안 실천해야 할 일들이었다.

콘클라베

콘클라베(Conclave)는 자물쇠가 채워진 방이란 뜻으로 교황을 선출하는 독특한 선거 방식이다. 투표는 만 80세 이하 전 세계 추기경들이 하며 80세 이상 추기경은 관람만 가능하다.

교황 사후 15~20일이 지나면 새로운 교황 선출에 들어간다. 투표에 들어가는 사제는 비밀을 지키고, 투표에 대해 외부의 압력을 받지 않겠다는 것과 선출되었을 때 성좌의 자유를 지키는 것 등을 선서해야 한다.

투표는 비밀 서면 투표로 진행된다. 최소 3분의 2 이상을 얻은 후보가 교황에 당선될 수 있다. 첫날에는 오후 한 번 투표가 이뤄지고 당선자가 나오지 않을 경우 이튿날 오전 오후 두 번의 투표를 진행한다. 하지만 3일째에도 당선자가 없을 때는 하루를 쉬었다 다음 날 다시 같은 방식으로 진행한다.

이러한 절차에 따라 3일 동안 투표를 계속한다. 하지만 그 기간 동안 교황이 선출되지 않을 경우 기도와 토의 시간을 가진 뒤 7차례 추가 투표를 실시한다. 이런 방식으로 30회까지 실시할 수 있으나 그래도 결론이 나지 않으면 과반수 득표자를 교황으로 선출한다.

투표를 마치고 당선인이 결정되면 시스티나 성당의 굴뚝에 투표 용지와 밀짚을 태운 흰 연기를 피어 올림으로써 새 교황 당선을 알리고, 새 교황을 선출하지 못했을 때는 젖은 밀짚과 젖은 투표 용지를 태워 검은 연기가 나오게 한다.

교황 요한 바오로 2세 즉위식

여러분은 그리스도교 신앙과 전통이라는
막대한 유산을 상속받았습니다.
성인들께서는 우리에게 이 보물을 전해 주기 위해
모든 것을 희생하셨습니다.

그리스도에 대한 선포와 증언이
듣는 이들의 양심을 존중하면서 이루어질 때,
그러한 선포와 증언은 인간의 자유를 침해하지 않습니다.
- 요한 바오로 2세 어록 중에서

1978년 10월 22일, 교황 요한 바오로 2세의 역사적인 즉위식이
거행되었다. 최초의 슬라브인 교황의 공식 업무가 시작된 것이다.

"두려워하지 마십시오. 문을 여십시오. 그리스도께 문을 활짝 여
십시오. 그리스도가 가진 구원의 권능을 향해 국가의 경계를 허물
고 경제, 정치, 체제, 문화, 문명, 발전의 다양한 영역의 문을 활짝
여십시오."

교황 요한 바오로 2세는 베드로 광장에 모인 수많은 군중을 향
해 이야기했다. '두려워하지 마십시오.' 그것은 요한 바오로 2세가

하고 싶은 말이었다. 끔찍한 전쟁과 기아, 반목과 갈등 속에서 사람들은 두려움에 떨며 인간으로서 가져야 할 최소한의 자존감마저 잃어버린 채 살지 않았던가. 두려움이 없을 때 비로소 사랑과 평화가 찾아오는 법이다. 그러니 두려움을 없애는 것이 우선이었다. 그리스도를 알면, 그리스도를 향해 마음의 문을 열면, 자연히 그 두려움은 사라지게 되어 있었다.

즉위식이 거행되는 성 베드로 광장에는 그동안 카롤이 맞서 싸웠던 공산 정권 폴란드와 소련 대사도 와 있었고, 조직적으로 교회를 방해하던 공산주의자들도 축하객으로 자리하고 있었다.

카롤 유제프 보이티와는 선임 교황을 존경하고 선임 교황의 뜻을 이어 나간다는 의미에서 자신의 이름을 요한 바오로 2세라 정했다. 그리고 자신을 상징하는 문장으로 평생 자신을 지켜 준 '온전히 당신의 것'이라는 글자를 자신의 문장에 새겨 넣었다.

비(非)이탈리아인 출신의 교황, 그것은 교황으로서는 처음 있는 일이었다. 그렇게 264번째의 교황은 새로운 교회를 예고했다.

즉위식이 끝난 직후, 요한 바오로 2세는 성 베드로 광장으로 걸어 내려갔다. 전통적으로 교황은 세디아 체스타토리아라는, 교황이 타고 다니는 가마를 타고 군중들 사이를 이동해야 했지만 새 교황은 이를 거부했다. 보다 더 가까이 사람들과 교감하고, 교회가 그들에게 다가가기 위해 스스로 낮아져야 한다고 여겼던 평소의 생각대로 새 교황은 걸어서 군중들에게로 나아갔다. 게다가 교황의 상징인 삼중관도 거절했다. 그것 역시 치레라고 생각했다. 교회와 사제의 임무는 사람들에게 그리스도의 복음을 알리고 그들에게 구원을 알리며 무한한 하느님의 사랑을 알리는 것이라고 생각했다. 하나님의 사랑과 구원과 복음을 알리는 데 삼중관은 하나의 치레라고 생각했다.

이제 새로운 시대가 탄생한 것이다. 새롭고 젊고 패기가 넘치는 교황, 스포츠를 좋아하고, 시와 연극을 좋아하며, 무엇보다 젊은이들을 이해하고 그들의 앞날을 걱정하는, 현실 참여적인 교황의 시대가 시작된 것이다.

세계 가톨릭 부흥기가 열리고 있었다.

사제복

폭이 좁고 딱딱하게 세운 로만칼라는 사제복의 상징이다. 보통 사제들이 입는 발목까지 내려오는 옷은 '수단(soutane)'이다. 수단은 "하느님과 교회에 봉사하려고 세속에서는 죽었다"라는 뜻이 담겨 있다.

'수단'은 성직자의 신분에 따라 색깔을 달리한다. 일반적으로 신부들은 검은색을 입고(여름에는 흰색), 주교와 대주교는 진홍색을 입는다. 또 추기경은 붉은색을 입고, 교황은 흰색 수단을 입는다.

평상복의 목 부분을 가리는 흰 천은 개두포로 사제들은 이를 걸칠 때 "주님, 제 머리에 투구를 씌우사 마귀의 공격을 막게 하소서"라는 기도를 올린다.

사제가 미사를 드릴 때 제의 안에 입는 희고 긴 옷은 장백의다. 발목까지 내려오는 장백의는 마음의 순결과 새로운 생활의 상징이다. 장백의를 입을 때 허리에 매는 띠는 악마에 대한 투쟁과 금욕과 극기를 상징한다. 무릎까지 늘어지게 매는 폭이 넓은 띠인 영대는 성직자의 직책과 의무, 성덕을 상징한다.

제의는 전례 시기와 축일에 따라 색을 달리한다. 홍색은 순교자의 피와 성령을, 백색은 영광과 순결과 기쁨을, 녹색은 연중 시기의 희망을, 자색은 속죄와 회개의 정신을 상징한다.

5장

인류의 빛으로 남다

세계를 순례하다

예수 그리스도께서는
우리에게 하느님의 자비를
몸소 체험하라고 가르치실 뿐만 아니라,
다른 사람들에게도
자비를 베풀라고 가르치십니다.
– 요한 바오로 2세 어록 중에서

세계는 젊은 교황의 탄생에 환호했다. 하지만 공산국가에서는 젊은 교황을 못마땅하게 여겼다. 그것은 교황의 조국 폴란드의 공산 정권도 마찬가지였다.

하지만 요한 바오로 2세의 신념에 찬 행보는 그 누구도 막지 못했다.

어느 날 요한 바오로 2세는 책상에서 편지 한 통을 집어 들었다. 라틴 아메리카 주교단 제3차 총회가 열리는 멕시코 푸에블라에 참석해 달라는 초대장이었다. 주변에서는 교황의 멕시코 방문을 반대했다. 당시 멕시코는 교권을 인정하지 않은 나라였고, 그런 탓에 교황의 안전을 보장할 수 없다는 이유였다. 하지만 요한 바오로 2세는 그들의 염려를 물리쳤다.

"나를 초청했는데 어떻게 가지 않을 수 있겠습니까? 오히려 잘된 일입니다. 교권을 인정하지 않는 나라에서 나를 맞아 준다면 나중에 내가 폴란드로 돌아가게 될 때 폴란드도 나를 막지는 못할 것입니다."

새 교황은 첫 번째 방문지를 멕시코로 결정했다. 역대 교황들 가운데, 재임 기간 동안 가장 먼 거리를 이동한 교황으로 기록된 요한 바오로 2세의 첫 방문지가 바로 멕시코였던 것이다.

멕시코 방문은 우려와는 달리 성공적이었다. 요한 바오로 2세가 멕시코시티에 도착하자마자 도시는 축제 분위기에 휩싸였고, 수많은 젊은이가 교황의 강론을 듣기 위해 모여들었다.

이를 본 요한 바오로 2세는 가슴이 벅찼다. 교권을 인정하지 않는 나라에서 이토록 많은 젊은이가 그리스도의 복음을 듣기 위해 모여들다니. 요한 바오로 2세는 감동에 겨워 미리 준비해 온 강론을 덮고 즉석에서 젊은이들과 대화를 나누기 시작했다.

"교회는 교회에 반대하는 모든 제도로부터 자유를 지키고자 합니다. 오로지 인간을 위한 선택만을 할 것입니다. 또 억압받는 노동자들과 젊은이들의 이야기에 귀를 기울이겠습니다."

젊은이들은 이 새로운 교황의 연설에 열광했다.

요한 바오로 2세는 멈추지 않고 노동자들에게 정당한 대우를 해 주지 않는 기업과 제도에 대해서도 강경한 어조로 교회의 입장을 이야기했다.

"이것은 부당한 일입니다. 비인간적인 일입니다. 비기독교적인 일입니다."

그렇지 않아도 교황의 방문을 달가워하지 않던 멕시코 정부는 젊은이들이 요한 바오로 2세를 만나는 것을 방해했다. 하지만 막으면 막을수록 교황을 보려는 젊은이들의 수는 점점 더 늘어났다.

멕시코를 시작으로 쉰여덟 살의 젊은 교황은 그리스도의 복음을 전하러 전 세계를 누볐다. 자신을 필요로 하는 곳은 조금도 몸을 사리지 않고 나아갔다. 건강을 문제 삼아 지나친 외유를 걱정하는 사람들에게는 부드러운 음성으로 자신의 생각을 개진했다.

"우리는 베드로 광장에 가만히 앉아서 신자들을 기다릴 수 없어요. 우리가 신자들에게 가야 할 필요가 있습니다. 그리고 생각해 보세요. 교황을 만나러 로마에 올 수 있는 사람이 몇이나 있겠습니까? 그러니 그들의 형편과 수고를 덜어 주기 위해서라도 내가 가야 합니다."

요한 바오로 2세의 설득에 사람들은 아무 말을 하지 못했다.

멕시코 다음은 폴란드였다. 요한 바오로 2세의 순례가 시작된 것이다. 그리운 조국 폴란드. 하지만 폴란드 정부는 교황의 방문을 반기지 않았다. 자유와, 인간의 존엄성과, 하나님의 복음을 전하는 교황의 연설에 젊은이들이 영향을 받을까 봐 공산 정권은 걱정이 이만저만이 아니었다.

그 당시 세계는 소련을 주축으로 하는 공산주의와 미국을 주축으로 하는 민주주의가 서로 대립하고 있었다. 그 냉전구도 속에서 사람들이 자유를 열망하고 그 자유에 대한 갈망이 역병처럼 번진다면 아무래도 공산주의 국가로서는 골치가 아플 수밖에 없었다. 때문에 소련은 폴란드 정부에게 교황의 폴란드 방문을 허가하지 않도록 압력을 가했다. 하지만 그 무엇도 젊은 교황의 행보를 막을 수는 없었다.

요한 바오로 2세는 그리운 조국, 폴란드에 첫발을 내디뎠을 때 그 땅에 무릎을 꿇고 입을 맞추었다. 그 모습을 지켜본 사람들은 깊은 인상을 받았다. 교황이 무릎을 꿇고 땅에 입을 맞추다니, 그 사실은 순식간에 폴란드 전역으로 퍼져 나갔다.

사람들은 그 사실 하나만으로도 요한 바오로 2세와 동일감을 느끼며 열광했다.

교황 요한 바오로 2세가 노란색의 오픈카를 타고 바르샤바를 지날 때 사람들은 자신들의 집에서 꽃비를 뿌렸고, 광장을 가득 메운 사람들은 눈물을 흘리며 새 교황을 맞이했다.

6월 2일, 그날은 폴란드에서 기독교가 처음 시작된 날이었다. 그날을 기념하는 자리에서 요한 바오로 2세는 힘 있는 어조로 말했다.

"인간의 역사에서 그리스도를 빠뜨리는 것은 인간에 반하는 행동입니다. 그리스도 없이는 폴란드의 역사를 이해할 수 없습니다."

군중 속에서 우레와 같은 박수가 터져 나왔다.

교황의 폴란드 방문은 폴란드의 민주화 운동에 있어서 커다란 불씨 역할을 했다. 억압받고 정당한 노동의 대가를 받지 못하는 노동자들에게 다시 한 번 자유의 의지와 갈망을 심어 주는 계기가 되었다.

공산 정권은 이런 점을 염려했던 것이다. 하지만 요한 바오로 2세는 그 어떤 압력에도 굴복하지 않고 앞으로 나아갔다. 그것은 교회가 해야 할 본연의 자세였다.

교황의 폴란드 순례는 계속 이어졌다. 바르샤바에 이어 다음은 기독교 탄생지인 그니에즈노였다. 그곳에서 교황은 가톨릭을 통해 유럽이 정신적 통일을 이뤄야 한다고 간접적으로 강조했다. 그리고 인간의 권리와 국가의 권리에 대해서도 이야기했다. 인간 사이의 연대감, 폴란드 사람뿐만이 아니라 이웃 국가의 사람들에 대해서도 권리를 강조했다.

이런 교황은 공산당 지도부들에게는 눈엣가시가 될 수밖에 없었다. 그런 탓에 노골적인 방해 공작이 계속되었고 압력 또한 이전보다 더 거셌다. 항의와 비판이 잇따랐고, 인쇄물에 대한 검열도 늘어났다. 하지만 요한 바오로 2세는 굴하지 않았다.

교황의 다음 목적지는 아우슈비츠였다. 미사를 봉헌할 제단은 아우슈비츠 근처의 브르제진카 수용소에 마련되었다. 요한 바오로 2세가 강론할 연단 옆에는 유럽에서 유대인들을 수송해 오던 열차가 멈춰 서던 플랫폼이 있었다.

"난 교황으로서 이곳에 오지 않을 수 없었습니다. 나는 이 시대의 골고다에 왔고 무릎을 꿇었습니다."

요한 바오로 2세는 그간 유대인들의 학살에 침묵했던 교회의 잘못에 대해 사죄를 했다. 교황으로서는 처음 있는 일이었다.

요한 바오로 2세는 그곳에서 옛날의 친구들을 떠올렸다. 진카와 집주인…… 그들은 모두 착하디착한 사람들이었다. 한데 그들은 아무런 죄도 없이 학살당했다. 단지 유대인이라는 이유로. 인종 청소를 한다는 이유로. 그것은 명백히 하나님에게 죄를 짓는 일이었다.

고향 크라쿠프에 도착했을 때는 200만 명에 가까운 사람들이 나와 요한 바오로 2세를 환영해 주었다.

교황의 방문 이후 폴란드에서는 새로운 기류가 감돌기 시작했다. 공산당 체제에 대한 반감이 싹텄고, 노동자들은 파업의 권리를 인정받기 위해 목소리를 높였다.

공산당 정권의 탄압도 더욱 거셌지만 노동자들의 자유에 대한 열망은 꺾을 수 없었다. 결국 1980년 7월 1일, 바르샤바 근처의 우르수스 공장 노동자들이 파업을 일으켰다. 이어 다른 공장으로 퍼져 나갔다.

파업을 주도한 사람은 지하 노동운동의 대표인 전기공 레흐 바웬사였다. 철책 위에는 검은 성모 마리아와 폴란드 교황 요한 바오로 2세의 초상이 내걸렸고, 노동자들은 자신들의 의사표현을 하기 전에 포장도로 위에 무릎을 꿇고서 고해성사를 했다.

바티칸에서 이 소식을 들은 요한 바오로 2세는 한편으로는 걱정이 됐다. 소련이 다시 탱크를 이끌고 이들을 무력 진압을 하지 않을까 염려되었던 것이다.

교황은 소련 대통령인 브레즈네프에게 편지를 썼다.

폴란드 안에서 일어나고 있는 일들은 국내 사건이므로 외부에서 간섭을 하면 안 된다는 점을 강조했다.

태국을 방문했을 때는 동남아시아 난민들의 수용소에 들러 국제사회에 이들에 대한 관심을 호소했다. 요한 바오로 2세는 열악한 난민 수용소에서 힘들게 살아가는 그들의 삶을 보고 충격을 받았다. 그리고 깊은 고뇌에 빠졌다.

돌아오는 비행기 안에서 한 기자가 교황에게 난민들에 대한 정치적 문제 제기를 하자 교황은 다소 격앙된 소리로 대답했다.

"이것은 인간의 문제요. 인간의 문제란 말이오. 정치적인 문제가 아니에요. 정치적인 문제로 이 문제를 축소시키는 것은 잘못된 생각이오. 인간의 기본 성질은 도덕적인 것이오."

요한 바오로 2세에게 있어서 최우선은 인간이었다. 정치나 이념보다는 인간이 인간으로서 누려야 할 기본적인 자유와 권리와 평화에 대해서 먼저 생각했고, 그들이 그걸 누릴 수 있도록 그 나라에 호소했다.

1982년에 아르헨티나 방문은 영국과의 분쟁을 해결하는 데 결정적인 역할을 했다. 그뿐만이 아니라 앙골라와 동티모르처럼 내전으로 고통 받는 나라도 방문했고, 레바논이나 보스니아처럼 동족상잔의 비극으로 인해 상처받은 국가도 잊지 않고 찾아가 평화와 위로의 말을 전했다.

브라질의 빈민가를 지날 때 교황은 갑자기 걸음을 멈췄다. 교황을 따르던 사람들도 걸음을 멈춰 서서는 교황을 쳐다보았다.

가난한 사람들을 바라보는 교황의 표정이 절망적으로 변해 있었다. 교황은 자신에게 가진 것이 아무것도 없음을 아쉬워하며 손가락에서 반지를 빼 그 사람들에게 선물로 주었다. 문장이 새겨진 반지는 교황에게 있어 소중한 것이었다. 하지만 아무것도 아닌 것처럼 요한 바오로 2세는 그들에게 선뜻 반지를 빼 주었다.

요한 바오로 2세는 격식에 얽매이지 않았다. 그리스도가 그랬던 것처럼, 그때그때 사랑과 진심으로 사람들을 대했다. 그게 그리스도의 사랑이라 생각했고, 그게 복음이라 생각했으며, 그게 자신이, 교회의 수장으로서 해야 할 일이라 여겼다.

요한 바오로 2세의 가까운 곳에는 늘 세계 지도가 있었다. 그 안에는 전 세계 국가와 그곳에 있는 교구들이 표시되어 있었다. 교황은 그 모든 교구와 주교의 이름을 다 외우고 있었다. 그 나라를 방문하거나 교구를 방문할 때면 그 주교의 이름을 꼭 불러 주었다.

하지만 요한 바오로 2세의 여행이 늘 환영을 받은 것만은 아니었다. 니카라과에서는 교황의 반대시위가 계속되었고, 일부에서는 교황이 연설을 하기 위해 설치해 놓은 마이크를 꺼 버리는 일도 있었다. 또 교황의 강론을 들으러 오는 신자들을 미사에 참석하지 못하게 방해를 하거나 되돌려 보내는 경우도 있었다.

그런 일을 접할 때마다 요한 바오로 2세는 몹시 괴로웠다. 마음이 아팠다. 하지만 순례에 가까운 여행을 멈추지 않았다. 요한 바오로 2세는 아프리카, 아시아, 라틴 아메리카 등 가난과 내전으로 신음하고 불평등에 힘들어하는 나라들일수록 더 관심을 가졌다.

129개국 600여 도시를 방문하는 동안 교황은 5억 명의 사람들을 만났다. 지구를 서른 바퀴나 도는 동안 수많은 정치 지도자들을 만났고, 노동자들을 만났으며, 어린아이들과 젊은이들과 대학생들을 만났다. 어떤 권력자에게도 당당하게 대했고, 가난하고 약한 자들의 편이 되어 그들이 정당한 대우를 받고 인간적인 삶을 살 수 있도록 기꺼이 대변자가 되었다.

요한 바오로 2세는 칠레의 피노체트를 만나 시민지도부에게 권력을 넘겨줄 것을 조언하기도 했다. 그렇게 요한 바오로 2세는 공산주의 국가를 방문한 최초의 교황이기도 했다.

요한 바오로 2세는 지구에서 달까지 세 차례를 왕복하는 거나 마찬가지인 순례를 통해 유대교와 이슬람교가 서로 화해하는 데 큰 기여를 했고, 교황으로서는 처음으로 다마스쿠스의 이슬람 사원을 방문하기도 했다.

요한 바오로 2세에게 있어서 이데올로기는 문제가 되지 않았다. 그저 하나님의 사랑을 내세워 인간의 삶을 보듬으려는 사랑만이 있었을 뿐이었다.

두 발의 총성

오늘 로마 교회의 교황인 나는
교회가 비가톨릭교도들에게 가했던
잘못에 대해
모든 가톨릭교도의 이름으로
용서를 구합니다.
– 요한 바오로 2세 어록 중에서

1981년 5월 13일, 교황은 베드로 성당 광장에서 일반인들의 알현을 받고 있었다. 요한 바오로 2세는 매주 수요일을 일반인들을 위한 시간으로 정해 놓고 그날은 어떤 일이 있어도 베드로 광장에서 그들과 함께했다.

요한 바오로 2세는 지프를 타고 베드로 광장을 돌았다. 교황을 보기 위해 베드로 광장에 모인 수많은 사람이 손을 내밀며 교황의 축복을 받고 싶어 했다.

요한 바오로 2세는 두 살배기 금발머리 아이를 품에 안았다가 다시 높이 쳐들었다. 그리고 아기에게 입을 맞추었다. 아이는 천사 같은 표정으로 교황을 향해 방긋 웃었다. 교황 역시 그 아이에게 축복의 말을 내리고는 부모에게 아이를 건네주었다. 아이의 이름은 사라였다. 사라의 부모는 감격스런 얼굴로 아이를 받아들었다.

그때였다.

탕!

지축을 뒤흔드는 총성에 베드로 광장에 있던 비둘기들이 푸드덕 하늘로 날아올랐다.

탕!

이어 두 번째 총성이 울렸다. 사람들은 비명을 지르며 사방으로 흩어졌고, 요한 바오로 2세는 힘없이 옆으로 쓰러졌다.

"교황 성하께서 쓰러지셨다!"

누군가 외쳤고, 어느새 경호원들은 교황을 둘러싼 채 일반인들의 접근을 막았다. 하지만 이미 두 발의 총알은 요한 바오로 2세의 몸을 뚫고 지나간 뒤였다.

첫 번째 총알은 요한 바오로 2세의 복부에 관통했고, 두 번째 총알은 오른쪽 팔꿈치를 스치고 지나가 왼손 둘째손가락에 골절상을 입힌 뒤 두 명의 미국인 관광객들에게 상해를 입혔다.

교황은 통증으로 얼굴이 일그러졌지만 정신을 놓지 않으려 애를 썼다.

"어디가 아프십니까?"

옆에서 교황을 돌보던 사제가 물었다.

"배야."

요한 바오로 2세는 침착함을 잃지 않으며 부드럽게 말했다.

"많이 아프세요?"

"음, 많이 아프군."

그사이 군중들 틈에서 거무스름한 얼굴을 가진 한 젊은이가 끌려 나왔다. 메메트 알리 아그자. 그가 바로 교황을 암살하려 한 암살자였다.

요한 바오로 2세의 배에서는 쿨쿨, 피가 새어 나오고 있었다. 급히 달려온 교황의 주치의 부조네티 박사가 요한 바오로 2세의 상태를 살펴보며 물었다.

"다리를 움직일 수 있으십니까?"

그 물음에 요한 바오로 2세는 다리를 움직여 보았다. 교황이 움직일 때마다 피가 더 많이 새어 나왔다. 상태를 확인한 부조네티 박사는 요한 바오로 2세를 빨리 제멜리 병원으로 모시라고 소리쳤다. 그사이 앰뷸런스가 도착하고 교황은 황급히 병원으로 옮겨졌다.

앰뷸런스 안에서 요한 바오로 2세는 기운을 잃었지만 의식만큼은 놓치지 않으려 애썼다. 표정은 몹시 고통스러워 보였다. 호흡 역시 빠르게 가늘어졌다.

요한 바오로 2세는 가물가물한 의식으로 기도를 올렸다. 언제나처럼, 힘이 들거나 외롭거나 고통스러울 때 그랬던 것처럼.

"하느님 아버지, 저는 당신의 것입니다. 당신의 뜻에 저를 맡기옵니다……."

요한 바오로 2세의 상태는 몹시 위중하고 위급했다.

병원에 도착했지만 창졸간에 당한 큰일인지라 다들 정신이 없었다. 한시가 급했지만 어떻게 해야 할지 몰라 의사들은 우왕좌왕했다.

피가 부족했다. 당장에 수혈하지 않으면 요한 바오로 2세의 목숨은 장담할 수 없었다. 기다리다 못해 의사들이 팔목을 걸고 나섰다. 다행히 수술은 성공적이었고, 요한 바오로 2세는 살아날 수 있었다. 하지만 장기간 입원 치료를 해야 했다.

그 와중에 폴란드의 비신스키 추기경의 임종이 다가왔다는 소식이 들려왔다. 요한 바오로 2세는 크게 슬퍼했다. 비신스키 추기경. 그가 누구던가. 자신에게 교황직을 수락하도록 설득한 사람이 바로 비신스키 추기경이었고, 그는 누구보다도 자신의 사명에 충실하고 또 헌신한 사람이었다.

요한 바오로 2세는 그 소식을 듣고는 바로 가까운 사람을 보내 비신스키 추기경을 문병하도록 했다. 몸이 아프지만 않았더라도 자신이 직접 가고 싶었다. 가서 손을 잡고 평안한 선종을 맞이할 수 있도록 마지막 고해성사를 도와주고 싶었다. 하지만 몸이 여의치 않았다. 대신 요한 바오로 2세는 그를 위해 기도했다.

요한 바오로 2세는 얼마 후 한 통의 전화를 받았다. 전화기 안에서 비신스키 추기경의 힘없는 목소리가 새어 나왔다.

"고통으로 우리가 하나가 되었군요……. 하지만 교황님께서는 무사하실 겁니다. 교황 성하, 제게 축복을 내려 주세요……."

요한 바오로 2세는 수화기를 통해 비신스키 추기경에게 축복을 내렸다.

"네. 추기경님의 입에 축복을 내립니다. 추기경님의 손에 축복을 내립니다……."

전화를 끊은 뒤 요한 바오로 2세는 기도를 했다. 추기경을 위해, 또 자신의 치유를 위해 마음을 다해 기도를 했다.

병원에 입원해 있는 동안 교황은 문득 파티마의 마리아가 생각났다. 1917년 5월 13일, 포르투갈의 파티마에서 마리아가 세 명의 아이들에게 나타나 예언을 한 일이었다.

마리아는 그 소녀들에게 이야기했다.

"사람들이 너희들의 말을 믿도록 하느님이 기적을 일으키실 것이다."

마리아는 예언대로 같은 날 또다시 모습을 드러냈고, 소녀의 이야기는 세상의 논쟁을 불러일으켰다. 하지만 세 명의 소녀들 가운데 두 명은 세상을 떠나고 마지막 한 명의 소녀는 수녀가 돼 그리스도가 가르치는 길을 가고 있었다. 그녀의 이름은 루치아 수녀였다.

그때 그 소녀를 통해 마리아가 하신 말씀은 철저히 비밀에 부쳐진 채 바티칸 신앙 교리성의 문서 보관국에 보관되어 있었다. 소위 파티마의 세 번째 비밀인 것이다.

요한 바오로 2세는 그 문서를 가져오라고 했다. 아무도 열어 보지 못하게 봉인된 채 수십 년 동안 문서 보관국에 잠자고 있던 이 비밀문서는 마침내 교황의 손에 의해 펼쳐졌다.

파티마의 세 번째 예언은 흰옷을 입은 주교가 암살당할 것이라는 내용이었다. 흰옷을 입은 주교는 곧 교황을 지칭하는 것이었다.

"음……."

요한 바오로 2세의 표정이 그 어느 때보다도 평온해 보였다. 문서를 되돌려 보낸 뒤 요한 바오로 2세는 눈을 감고 묵상에 잠겼다. 이미 성모 마리아는 이런 일이 벌어지리라는 것을 알고 계셨고, 그럼으로 죽음으로부터 자신을 살리신 이 역시 성모 마리아라고 생각했다. 성모 마리아께서 그때 자신과 함께하지 않았더라면 교황은 이미 죽은 목숨이었다. 하지만 교황은 지금 여기 이렇게 살아 있는 것이다.

삶과 죽음을 주관하신 하나님이 자신의 생명을 연장시켜 주신 것은 앞으로 더욱 하나님의 복음을 위해 헌신하기를 바라시는 것일 것이다. 그러니 앞으로 자신이 가는 그 길은 가시밭길처럼 험하고, 죽음과도 같은 고통이 있을 거라고 여겼다.

그 생각은 요한 바오로 2세에게 새로운 각오를 다지게 만들었다. 자신을 바쳐 세상에 평화가 올 수만 있다면, 자신을 던져 세상에 사랑이 가득할 수만 있다면, 자신은 그 어떤 고난과 역경도 마다하지 않고 자신을 내놓을 것이다.

"오 하나님, 저에게 힘을 주십시오. 저를 살리신 것처럼 저에게 그런 용기를 주십시오."

요한 바오로 2세는 병원에서 나와 바티칸으로 돌아왔지만 완쾌가 된 것은 아니었다. 얼마 지나지 않아 다시 열이 오르고 통증도 더 심해졌다. 교황은 다시 병원에 입원해야 했다. 병원균 감염이 원인이었다. 그래서 다시 병원으로 돌아간 뒤 수술을 받아야만 했다.

저격을 당한 지 일 년이 지난 후 요한 바오로 2세는 자신의 몸에서 빼낸 총알을 마리아께 바쳤다. 온전히 당신 것이라는 문장의 의미를 다시 한 번 확인하고 따르는 마음에서였다.

"저를 살리셨으니, 저는 온전히 당신의 것입니다."

하지만 저격범 아그자에 대한 의혹은 풀리지 않았다. 누군가는 평화를 외치는 요한 바오로 2세를 제거하기 위해 메메트 알리 아그자를 보냈다고도 했다. 공산 체제 국가로서는 자유의 요구가 더 확

산되기 전에 제거하지 않으면 안 될 위험한 인물이 바로 요한 바오로 2세였던 것이다. 그만큼 요한 바오로 2세는 공산 체제 국가들에게는 위협적인 존재였다.

아그자는 숙련된 저격범이었다. 수많은 사람이 운집한 그 어수선한 틈 속에서도 정확히 요한 바오로 2세를 향해 총을 쏘았고, 총알은 교황의 몸을 관통했다. 게다가 그가 사용한 권총 역시 흔한 것이 아니었다.

하지만 요한 바오로 2세는 그를 용서하기로 했다. 세상의 평화를 위해, 증오와 갈등의 세상에서 자신이 먼저 마음을 열고 용서를 실천해야 한다고 생각했다. 하느님께서 자신을 통해 세상에 알리고자 하신 것도 어쩌면 그것일지도 몰랐다.

1983년 12월 27일, 춥디추운 렙비아 감옥에서 교황은 바티칸 광장에서 자신에게 총을 쏜 마흐메트 알리 아그자를 만났다.

그는 교황을 보고 깜짝 놀라 물었다.

"아니 당신은? 당신은? 한데 어떻게 살아 있습니까?"

아그자는 정확히 교황을 향해 총을 쏘았고, 붉은 피를 흘리며 쓰러지는 교황을 제 눈으로 확인한 뒤였다. 아그자는 분명히 교황이 죽었을 것이라고 믿어 의심치 않았다. 자신의 거사가 실패로 돌아가지 않게 하기 위해 총이나 탄알조차 세심하게 신경 썼던 것이다.

한데 그 교황이 살아 자신을 만나러 오다니. 아그자는 자신의 눈으로 교황을 보면서도 믿지 못했다.

"그래요. 나예요. 오늘 우리는 형제로 만난 겁니다."

교황은 자꾸만 자신을 의심하는 아그자를 향해 부드러운 음성으로 말했다.

"어떻게 살아 있는 겁니까?"

아그자는 다시 한 번 물었다. 교황은 자신을 암살하려 한 저격범에게 인간의 힘으로도 어쩔 수 없는 힘이 존재한다는 사실을 말해 주었다. 그것이 바로 하나님의 사랑이며, 하나님이 계획하신 일이라는 사실을 일러주었다.

아그자는 살아 있는 요한 바오로 2세를 보고 몹시 괴로워했다. 자신의 소임을 다하지 못한 자괴감이었다.

"당신은 분명 죽었어야 했습니다. 내 총알은 분명 당신을 관통했습니다. 내 총알은 보통 총알이 아닙니다. 파괴력이 큰 살상 무기입니다. 한데 왜? 당신은 이렇게 내 앞에 있는 것입니까?"

요한 바오로 2세는 파티마의 계시와 마리아가 자신을 지켜 주었다는 사실을 암살자에게 일러주었다. 그리고 살아 있는 교황을 보고 괴로워하는 암살자에게 이렇게 덧붙였다.

"형제여, 우리는 서로 용서해야 합니다. 그게 그리스도가 바라는 일이고, 그게 우리가 해야 할 일입니다."

요한 바오로 2세는 아무 조건 없이 자신의 목숨을 뺏으려 한 저격범을 용서했다. 그는 몸소 용서를 실천함으로써 세상에 평화와 사랑이 깃들기를 염원했다.

요한 바오로 2세의 하루

청년 여러분,
자신과 타인의 몸을
진정으로 존중하는 마음을 가지십시오.
여러분의 몸이
여러분의 인격을 돕는 요소가 되기를 바랍니다.
또한 여러분의 행동이나 시선이
언제나 여러분 영혼의 거울이 되기를 바랍니다.
- 요한 바오로 2세 어록 중에서

빽빽하게 짜여 있는 요한 바오로 2세의 하루 일과는 언제나 모두에게 공개되었다. 이전 교황들은 요한 바오로 2세와 마찬가지로 생활은 엄격했지만 외부로의 노출을 경계했다. 하지만 요한 바오로 2세는 모든 것을 숨김없이 공개했다. 어떤 때는 적극적으로 미디어를 이용해 세상에 평화를 호소하기도 했다. 때문에 요한 바오로 2세는 미디어 교황이란 별명도 얻었다.

금욕적인 생활을 했고, 음식도 아주 적게 먹었으며, 자신의 재산을 가지지 않았다. 될 수 있으면 소박하게, 아주 검소하게 일상을 영위했다. 더 이상 욕심 부릴 것이 없었다. 세상을 주관하시는 하느님이 항상 함께하시는데 바랄 것이 뭐 있겠는가.

　요한 바오로 2세는 오전 5시 30분이면 어김없이 자리에서 일어나 소성당으로 갔다. 세상이 박명 속에서 서서히 제 모습을 드러낼 때 요한 바오로 2세는 기도와 명상으로 하루를 시작했다. 홀로 있는 그 묵상은 30분이나 계속되었다.

　7시에는 아침 미사를 봉헌했고, 아침 식사를 한 뒤에는 서재에서 강론을 준비한다거나 성경을 읽고 찬양하며 시간을 보냈다.

　오전 11시에는 교황을 찾아온 사람들을 접견했다. 요한 바오로 2세는 자신을 보기 위해 그 먼 길을 수고스럽게 달려온 사람들을 위해 그냥 보내지 않고, 기꺼이 자신의 시간을 내주었다.

　점심시간이 되면 요한 바오로 2세는 여러 사람들과 함께 식사를 하면서 세상 이야기를 들었고, 또 그 시간을 이용해 여러 가지 문제들에 대한 사람들의 의견을 들었다.

　식사의 메뉴는 파스타와 야채를 곁들인 고기에다 붉은 포도주를 조금 마셨다. 식사량은 아주 적었다. 저녁에는 묽은 수프와 생선을 먹었고, 음식은 남기는 법이 없었다.

　잠시 쉬는 시간이면 검은 망토를 두르고 테라스로 나갔다. 그곳은 요한 바오로 2세가 가장 좋아하는 곳이기도 했다. 그곳에는 여러 가지의 조각상이 있었는데, 특히 교황은 파티마의 마리아상 앞에서 곧잘 묵주 기도를 올렸다.

어찌 보면 틀에 꽉 짜인 생활이었지만 요한 바오로 2세는 싫다, 피곤하다, 못한다 등 불평 한마디 하지 않았다. 언제나 입가에 잔잔한 미소를 머금고 말없이 실천했을 뿐이었다. 그저 모든 일을 당연히 자신이 가야 할 길과 해야 할 일로 받아들였다.

하지만 요한 바오로 2세 또한 사람인 터라 처음에는 바티칸 생활을 답답하게 여겼다. 그런 교황을 위해 주변에서 아무도 모르게 스키 여행을 계획했다. 경호원이나 기자들 없이 조용히 다녀온다는 계획이었다.

그렇게 요한 바오로 2세는 티 내지 않고 일반 사람들 속에 섞여 리프트를 타기 위해 줄을 서 있었다. 사람들은 설마 바티칸에 있는 교황이 자신들이 있는 곳에서 함께 줄을 서 있으리라고는 생각지 못했다.

하지만 한 어린아이의 무구한 눈을 피해 가지는 못했다.

"혹시 교황 할아버지 아니세요?"

어른들은 알아보지 못한 요한 바오로 2세를 그 아이는 한눈에 알아본 것이다. 아이의 말에 사람들이 웅성거리며 요한 바오로 2세의 주변으로 모여들었다. 요한 바오로 2세와 일행들은 서둘러 휴가를 접고 바티칸으로 돌아올 수밖에 없었다. 그걸로 끝이었다. 행여 자신의 등장으로 사람들이 일상에 방해를 받을까 봐 모든 것을 단

넘했다. 오로지 묵상하고 기도하고 찬미하고, 그리고 세계의 분쟁 지역을 돌아다니며 하나님의 사랑을 강조하면서 그렇게 시간을 보냈다.

분쟁의 소지가 있는 국가에서는 교황에게 도움의 손을 내밀기도 했다. 국가 간에 정치적으로 민감한 사안이 있을 때 역시 교황에게 중재를 요청하기도 했다. 요한 바오로 2세는 마다하지 않았다.

요한 바오로 2세는 사회적 약자들을 도우려 했다. 연약한 아이들과 자유를 억압받는 사람들과 여성들에게 특히 더 주의를 기울였다. 하나님의 사랑은 모두에게 평등하게 열려 있었지만 세상의 불평등은 여전히 존재한다고 생각했기 때문이었다.

어느 날 요한 바오로 2세는 깊은 고민에 잠겼다. 지난 세월 동안 하나님의 이름으로 교회가 저지른 잘못이 너무나 많았던 것이다. 그리고 기독교는 분열돼 있었다. 요한 바오로 2세는 교회의 잘못을 바로잡고 싶었고, 분열된 기독교를 하나로 묶고 싶었다. 모두가 하나님을 믿고 있는데 왜 서로 다른 이름으로 갈라져 다른 길을 걷고 있는지. 그 모습은 결코 하느님이 원하는 모습이 아니었다. 할 수만 있다면 거기서 한 발 더 나아가 기독교뿐만이 아니라 세계 모든 종교와도 손을 잡고 하나가 되고 싶었다. 그것이 하나님이 바라는 일이라고 생각했다. 평화, 사랑, 행복. 결국 모든 종교의 궁극적 이념은 평화와 사랑이었고, 그 종교의 가장 맨 위에는 하나님이 계셨기 때문이었다.

하지만 일부에서는 그런 교황의 생각에 거세게 반대를 했다. 하지만 요한 바오로 2세는 뜻을 굽히지 않았다. 반대를 하면 할수록 열정적으로 자신의 소신을 밝히며 앞으로 나아갔다.

1986년 10월 27일, 요한 바오로 2세는 마침내 아시시에서 평화를 위한 세계 기도의 날 행사를 개최할 수 있었다. 그날 세계의 이목이 이 특별한 모임에 집중되었다. 세계의 모든 종교 대표자들이 함께 같은 장소에 모여 세계에 평화의 선물을 달라고 기도한다는 것은 지금까지 전무후무한 일이었다.

요한 바오로 2세의 오른쪽에는 그리스 정교회의 총대주교와 기독교 대표들이 앉았고, 왼쪽에는 달라이 라마와 비기독교 대표들이 자리했다. 기도 덕분이었는지, 이날만큼은 세계 어느 곳의 전쟁터에서도 단 한 명의 희생자가 나오지 않았다. 이는 실로 놀라운 일이었다.

"오늘은 정말 특별한 날입니다. 이렇게 하나님께 기도하기 위해 여러분들이 한자리에 모인 것은 처음 있는 일입니다. 우리의 바람과 기도대로 이 세상이 언젠가는 무기를 쓰지 않은 날이 올 것입니다. 폭력 대신 하나님의 사랑을 말하는 날이 올 겁니다."

요한 바오로 2세는 상기된 얼굴로 좌중을 돌아보며 말했다.

원하고, 원하고, 원하던 일이 드디어 결실을 보게 된 것이다.

요한 바오로 2세는 그날 이후에도 계속 '모든 종교가 하나 되게 하소서'라는 기도 제목으로 쉬지 않고 기도했다. 그 길만이 세상에 평화가 오는 길이라 생각했다. 세상 곳곳에서 벌어지고 있는 종교 간의 갈등은 물론이며, 이념의 차이 역시 얼마든지 종교 안에서 그 해결책을 찾을 수 있을 거라 믿었다.

그뿐만이 아니었다. 요한 바오로 2세는 중세시대에 교회의 이름으로 자행됐던 마녀 사냥에 대해서도 잘못을 시인했고, 유대인 학살에 침묵한 것에 대해서도 사과했다. 교황으로서, 교회의 수장으로서 스스로 먼저 과거를 청산하고 잘못된 것을 바로잡아 나갔다.

하지만 요한 바오로 2세의 노력에도 불구하고 세상은 계속해서 정치와 이념적인 이유로 살상이 빚어지고 있었다. 요한 바오로 2세는 그런 현실이 늘 마음이 아팠다. 그리고 자신이 가야 할 길이 아직도 멀었음을 아쉬워했다.

교황, 한국 땅에 입맞춤하다

어떻게 인간이
인간을 경멸하는 마음을 가질 수 있습니까?
그것은 인간이
하느님까지 업신여기는 단계에 이르렀음을 보여 줍니다.
하느님을 배제한 이데올로기만이
한 민족 전체를 전멸시킬 계획을 세우고,
또 그렇게 되도록 이끕니다.
- 요한 바오로 2세 어록 중에서

1984년 5월, 교황 요한 바오로 2세가 비행기에서 내렸다. 한국의 여의도 광장에서 열리는 한국천주교회 200주년 기념식과 103위의 시성식에 참석하러 오는 길이었다. 시성식이란 복자로 선택된 인물들을 성인의 명부에 올리고 이를 전 세계의 모든 교회에 알리는 의례였다. 그동안 모든 시성식은 로마의 베드로 대성당에서 열렸다. 하지만 이번은 이례적으로 서울에서 치러졌다.

교황 요한 바오로 2세는 한국 순교자 103위를 성인으로 추대하는 과정에서 순교의 땅 한국에 평화와 사랑을 전하고 싶었다.

한국으로 오기 전 교황 요한 바오로 2세는 편지를 통해 자신의 방문과 관련한 심경을 한국 사람들에게 전했다.

"며칠 있으면 그토록 그리던 여러분들을 만나기 위해 머나먼 한국으로 떠나게 됩니다. 하지만 벌써 내 마음은 한국에 가 있습니다. 여러분을 생각하며 기도하며 지내고 있습니다."

한국의 5월은 너무나 눈이 부셨다. 비행기 트랩을 내려오는 동안 봄을 시새운 바람이 손톱을 세우며 덤벼들었지만 오랜 시간 동안 비행기 안에 있었던 요한 바오로 2세는 그 칼칼한 봄바람마저 정겨웠다. 한국은 요한 바오로 2세에게 있어서 특별히 애틋한 나라였다. 동족상잔의 비극을 겪었고, 아직도 이념을 달리하며 남북한으로 갈라져 있으며, 민주화 투쟁으로 수많은 사람이 허망하게 목숨을 잃은 나라였다.

그 소식을 듣고 얼마나 가슴 아파했었던지. 마치 자신의 조국 폴란드를 보는 듯했다. 하여 그 언제부터 오고 싶었던 나라였다.

교황 요한 바오로 2세는 마지막 트랩을 내려선 순간 땅에 넙죽 엎드려 한국의 땅에 입맞춤을 했다.

"순교자의 땅. 순교자의 땅."

교황은 땅에 입을 맞추면서 순교자의 땅을 연발했다. 이 땅 위에 흩뿌려졌던 피들을 생각하면 요한 바오로 2세는 가슴이 아팠다.

요한 바오로 2세를 맞는 사람들의 표정이 뜨겁고도 순박했다. 오랫동안 평화를 갈구해 온 사람들답게, 사랑이 필요한 사람들답게, 평화의 사도 교황을 맞는 사람들의 태도는 감격스러웠다.

요한 바오로 2세는 자신을 따듯하게 맞아 주는 사람들에게 준비해 온 인사말로 인사를 했다. 영어도 아니고, 이탈리아어도 아닌, 한국어였다.

"벗이 있어 먼 데서 찾아오면 기쁘지 아니한가. 한국의 친애하는 벗들이 베풀어 주신 따듯한 환영에 본인은 매우 감격하고 있습니다."

사람들은 요한 바오로 2세의 한국말 인사에 환호하고 또 환호했다.

요한 바오로 2세는 한국 방문을 앞두고 일부러 한국어를 공부했던 것이다.

4박 5일의 일정은 그렇게 요한 바오로 2세의 입맞춤으로 시작되었다. 4박 5일간의 여정은 고난의 행군이나 다름없었다. 첫 방문지로는 절두산 순교지였다. 그곳에서 요한 바오로 2세는 자신을 보러 온 많은 사람에게 축복을 내렸다. 그 빡빡한 일정 속에는 고난의 땅, 광주도 들어 있었고, 한센병 환자들이 생활하고 있는 소록도도 들어 있었다. 부산에서는 40만 명의 노동자들이 모인 가운데서 노동자들이 정당한 대우를 받을 수 있도록 촉구하기도 했다.

언제나 그랬던 것처럼 한국 방문에서도 젊은이들과의 만남이 이루어졌다.

시성식이 열리던 날, 교황 요한 바오로 2세는 부디 이 나라에 사랑과 평화, 그리고 새 빛이 내리기를 기도하고 축복했다.

요한 바오로 2세의 사랑에 대한 답이었을까. 한국 교회는 새로운 부흥기를 맞아 가톨릭 신자들이 급격히 늘어났다.

선종에 들다

어느 누가 여러분에게
희망을 가지고 있는 이유를 물을 때
여러분은 그 질문에 대답할 수 있도록
항상 준비되어 있어야 합니다.
-요한 바오로 2세 어록 중에서

2005년 4월 2일, 세상 사람들의 이목이 바티칸으로 모아졌다. 교황 요한 바오로 2세가 위독하다는 소식이 발 빠르게 세상에 전해지면서 베드로 광장에는 교황을 위해 기도하려는 인파들로 가득 메워졌다.

그들은 마음을 모아 요한 바오로 2세의 쾌유를 빌었다. 부디 병을 떨치고 일어나 다시 예전처럼 세계의 평화를 위해 일하길 손 모아 기도했다. 하지만 요한 바오로 2세는 기력이 없었다. 축구와 등산을 좋아하고, 일에 열정적이던 요한 바오로 2세도 나이와 병마에는 당해 낼 수 없었다. 오래전부터 앓아 온 파킨슨병은 요한 바오로 2세를 괴롭히고 있었고, 잦은 병치레로 이미 기력은 쇠할 대로 쇠해져 있었다.

요한 바오로 2세는 자신에게 시간이 얼마 남지 않았음을 알았다. 이제 하나님 곁으로 갈 시간이었다. 사람들도 그걸 알았다.

요한 바오로 2세는 더 이상의 치료는 의미가 없다고 생각했다. 이제는 차분하게 마지막 순간을 기다리며 기도하고 싶었다. 하여 이제 병원 치료를 거부한 채 해야 할 일들을 마무리 지었다.

요한 바오로 2세는 2일 오전, 바티칸 지하 동굴의 성모님께 봉헌될 왕관과 다른 두 개의 왕관을 축성한 뒤 모두 물리쳤다. 그리고 아주 힘들게 말했다.

"프란체스코에게 인사를 하고 싶네."

프란체스코는 요한 바오로 2세가 기거하는 아파트의 청소 담당이었다. 프란체스코가 슬픔에 가득 찬 얼굴로 교황을 알현했다. 이게 마지막 인사임을 프란체스코나 요한 바오로 2세도 알았다. 이어 요한 바오로 2세는 가까운 다른 사람들과 한 명씩 한 명씩 작별 인사를 했다. 요한 바오로 2세는 그들에게 힘들게 말했다.

"나는 행복합니다. 여러분도 행복하세요."

그렇게 말하는 요한 바오로 2세의 얼굴은 그 어느 때보다도 평온하고 행복해 보였다.

이제 정말 마지막 순간이었다. 교황 요한 바오로 2세는 편안한 표정으로 「요한복음」을 읽어 달라고 했다. 힘들 때마다 늘 그래 왔던 것처럼 성경을 통해 위안을 얻고 싶어 했다.

요한 바오로 2세를 보좌하던 신부가 교황의 요청에 「요한복음」을 한 장씩 읽어 내려갔다. 9장까지 읽었을 때 교황은 혼수상태에 빠졌다. 그리고 저녁 9시 37분, 교황 요한 바오로 2세는 선종에 들었다.

그 시각 바티칸 성당의 종들이 일제히 울음을 토해 냈다. 조종이었다. 그 조종 소리에 바티칸을 메운 수많은 인파는 낮게 훌쩍이며 교황 요한 바오로 2세를 위해 기도를 올렸다.

세계의 평화를 위해 헌신했던 위대한 인물은 그렇게 한 생을 마감했다. 그러나 요한 바오로 2세는 2011년 성인 추대를 받았고, 우리 곁에 영원히 남아 있을 것이다.

복자와 성인

　시복식을 통해 복자품에 오른 사람을 복자라 한다. 복자가 되는 길은 두 가지가 있다. 순교자일 경우 순교 사실이 밝혀지면 복자가 될 수 있다. 그러나 순교자가 아닐 경우에는 기적이 두 번 이상 일어나야 시복 대상이 될 수 있다. 엄격한 조사와 까다로운 절차 등을 통해 기적이 입증되면 복자로 선언된다.

　복자가 된 후 다시 두 번 이상 기적이 일어난 것이 입증되면 시성식을 거쳐 성인 대열에 오르게 된다. 성인이 되면 전 세계 신자들이 공경하고, 축일표에 정식으로 이름을 올릴 수 있다.

　일반적으로 성인의 축일은 그들이 세상을 떠난 날로 한다.

요한 바오로 2세 시복식

2011년 5월 1일, 요한 바오로 2세의 시복식이 열렸다. 그 시복식에는 100만 명이 넘는 인파가 모였다.

시복식은 평소 성덕이 높은 사람이 선종한 뒤 일정한 심사를 거쳐 성인으로 추대되는 의식이다. 성인으로 추대되면 기도에서 그의 이름을 거론할 수 있고 공경을 받게 된다. 때문에 성인으로 추대되는 일은 매우 영광되고 그런 만큼 조건들도 까다롭다.

선종 뒤 5년간의 유예기간을 거친 후 그동안의 저술과 연설, 기적 심사 등을 통해 자격 여부를 선별하는데, 요한 바오로 2세는 최단 기간에 성인의 전 단계인 복자에 올랐다. 베네딕토 16세가 유예기간 5년을 면제함으로써 선종 6년 만에 복자로 추대되었다.

교황청은 요한 바오로 2세가 선종한 뒤 파킨슨병을 앓고 있던 프랑스 수녀가 요한 바오로 2세의 기도로 치유된 것을 기적으로 인정함으로써 시복되었다. 이는 카톨릭 교회 역사상 가장 빠른 성인 추대다.

성인으로 추대되면 모든 교회에서 공적으로 공경을 바치게 함으로써 영원함을 얻는다. 축일을 지낼 수 있고, 기도문에 이름을 올릴 수도 있다.

요한 바오로 2세의 축일은 교황 즉위 기념일인 10월 22일로 정해졌다.

작가의 말

사회가 복잡하고 갈등이 깊을수록 사람들은 영웅을 꿈꾼다. 누군 가 지혜로운 사람이 나타나 난마처럼 얽혀 있는 사회적 갈등들을 풀 어내고 보다 더 희망찬 세상으로 사람들을 인도해 주길 바란다.

정말 역사를 살펴보면 굽이굽이 인류는 그 영웅들에 의해 위기 의 순간을 넘기거나 새로운 시대를 맞이하곤 했다.

그러면 영웅은 누구일까? 문학 속의 영웅은 신성의 이미지를 갖 고 있다. 유년기는 비록 비루했으나 성장하면서 힘을 기르고 그 힘 을 바탕으로 위험과 고난으로부터 인류를 구한다는 내용들이다.

영웅의 전제 조건은 선인이어야 하며, 세상의 악과 싸워 능히 이 기는 사람이다. 그렇다면 현실적으로 영웅은 어떤 존재일까. 부자에다 무소불위의 힘을 가진 사람만이 영웅일까?

아니, 아니다. 영웅은 여러 모습으로 우리 곁에 존재한다. 세상에서 가장 낮은 자세로 살다 간 사람 역시 영웅일 수 있고, 우리가 미처 알지 못하는 사람들 역시 영웅일 수 있다.

왜 요한 바오로 2세의 평전을 쓰는 동안 영웅이란 단어가 생각났을까?

그가 영웅일까? 카롤 유제프 보이티와, 그러니까 요한 바오로 2세는 영웅이라기보다는 자신의 신념에 따라, 자신의 종교적 믿음에 따라 평생을 살다 간 인물이다. 사람이 살면서 신념을 잃지 않는다는 것은 매우 어려운 일이다. 하지만 요한 바오로 2세는 매번 자신에게 어려움이 닥칠 때마다 오히려 신념을 공고히 하며 한길을 걸어갔다.

요한 바오로 2세는 재임 기간 중 가장 많은 기록을 남긴 교황이기도 하다. 최연소, 최장, 최다, 최초…… 처음이라는 수식어는 모두 가진 이가 바로 교황 요한 바오로 2세이기도 하다.

요한 바오로 2세에 대해 공부를 하면서, 그가 남긴 정신적 유물들을 공부하면서 그가 남달랐음을 알게 되었다.

요한 바오로 2세가 이루고자 했던 세상은 어떤 세상이었을까? 그것은 갈등이 없는 평화로운 세상이었다. 차별도 없고, 억압도 없으며, 모든 사람들이 자유를 누릴 수 있는 그런 평화롭고 행복한 세상이었다.

요한 바오로 2세는 그 세상을 위해 자신을 바쳤다. 그의 삶을 들여다보며 내 안에 깃든 삿된 욕심이 새삼 부끄럽게 느껴진다.

나 역시 이 글을 내가 썼다고 생각하지 않는다. 이 글을 쓸 수 있도록 나를 이끈 힘이 따로 있다고 믿는다.

비록 종교와 신념이 다를지라도 한 위대한 인물의 삶을 따라가 보는 일은 나쁘지 않은 것 같다. 그리고 한 사람이 그토록 이루고자 했던 세상을 엿보는 것도 의미 있는 일일 것이다.

이 책을 쓰게 해 주신 하나님에게 감사를 드린다.

교황 요한 바오로 2세 연보

1920년 5월 18일 카롤 유제프 보이티와. 에밀리아 카초로프스카와 오
       스트리아 헝가리 보병 연대 하사관 카롤 보이티와의
       둘째 아들로 폴란드 바도비체에서 출생하다.

1920년   바도비체의 성 동정녀 마리아 교회에서 영세를 받다.

1926년   바도비체 마르친 바도비타 초등학교에 입학하다.

1929년   4월, 어머니 에밀리아 카초로프스카, 오랜 지병으로
       사망하다.

1932년   의사였던 형 에드문트가 26세로 요절하다.

1938년   고등학교 졸업 시험에서 전 과목 최고 점수를 받다.
       8월, 아버지와 함께 크라쿠프로 이사하다. 야기엘론스
       키 대학교 문학부에 입학하다.

1939년   2월, 지식인 극단 스튜디오 38에 입단하다. 보이티와
       는 여러 차례 공연에 참여하고 직접 몇 편의 극작품을
       연출하다.

1939년   7월, 우크라이나의 렘베르크 대학교에서 실시한 대학
       생 군 야영 실습에 참가하다.

1940년	독일 강제수용소로 끌려가지 않기 위하여 차크르초베크 채석장에서 일하다.
1941년	2월, 아버지 카롤 보이티와 사망하다.
	지하 조직의 신학교에 들어가다.
1944년	독일 방위군의 화물차에 치여 머리 부상을 입고 장기간 입원하다.
1946년	11월, 크라쿠프의 주교 아담 사피에하로부터 사제 서품을 받다.
	이탈리아 로마에 가서 도미니크회에서 운영하는 안젤리움 대학교에서 수학하다.
1948년	6월, 철학과 수료하다.
	10월, 신학과 수료, 신학 박사가 되다.
1956년	루블린 대학에서 윤리학 강의를 하다.
1958년	7월, 교황 비오 12세가 보이티와를 크라쿠프의 서품 주교로 임명하다.
	9월, 비오 12세의 추천으로 보이티와는 폴란드의 최연소 주교로 서품 받다. 'Totus Tuus(오 마리아, 온전히 당신의 것!)'을 좌우명으로 문장에 새겨 넣다. 이것은 훗날 교황이 되어서도 계속된다.
1962년	제2차 바티칸 공의회에 참석하다.

1964년	3월, 크라쿠프의 대주교로 임명되다. 폴란드에서 추기경 슈테판 비신스키 다음으로 중요한 성직자가 되다.
1967년	6월, 추기경이 되다.
1978년 10월 16일	교황으로 선출되다. 요한 바오로 2세는 역사상 최초의 슬라브인 교황이자, 우트레히트 출신의 플랑드르인 하드리아노 6세 이후 최초의 비이탈리아인 교황이다.
10월 22일	교황 즉위식을 거행하다.
1979년	1월, 교황의 첫 해외 여행으로 멕시코를 방문하다. 6월, 조국 폴란드를 공식 방문하다.
1980년	러시아의 브레즈네프에게 폴란드의 주권을 대변하는 내용의 편지를 보낸다. 그 결과 브레즈네프가 폴란드 침공 계획을 마지막 순간에 철회한다.
1981년 5월 13일	메메트 알리 아그자가 베드로 광장에서 교황을 저격하여 치명적인 중상을 입히다.
1984년 5월	천주교 순교자 103명을 시성하기 위해 한국 땅을 밟다.
1986년	8월, 역사상 최초의 교황으로서 카사블랑카/모로코에서 8만 명 이상의 무슬림들 앞에서 무슬림을 향한 인사말을 하다.
1989년	10월, 제44차 세계 성체 대회를 맞아 두 번째 한국을 방문하다.

1896년	4월, 로마의 유대인 회당을 방문한 최초의 교황이다.
	10월, 아시시에서 수많은 종교 수장들과 함께 '세계 평화의 날'을 거행하다.
1992년	장 수술을 받다.
	12월, 가톨릭 교회의 새로운 교리서가 나오다.
1994년	바티칸 주재 이스라엘 대사를 소개받은 후 교회 국가에서 이스라엘 국가를 아무 유보 조건 없이 승인하다.
	12월, 미국『타임』지에 올해의 인물로 선정되다.
1995년	신도들이 역사상 가장 많이 모인(약 3200만 명) 필리핀 마닐라의 교황 미사에 참석하다.
1995년	5월, 회칙 '하나되게 하소서'를 발표하다. 이로써 교회들 간에 화해의 새로운 장을 열다.
1998년	3월, '쇼아(유대인 대학살)에 대한 반성'으로 바티칸은 그리스도인들의 공범을 인정하지만, 교회의 공범성에 대한 내용은 빠져 있다.
	6월, '의화 교리 공동 선언'이 루터 교회와의 화해의 서막을 알리다.
2000년	3월, 종교 전쟁, 종교 재판, 유대인 박해 등 지난 과오에 대한 반성으로 교회의 '내 탓이오'가 치러지다.
	통곡의 벽 앞에서 랍비들과 함께 기도한 후 유대 민족

에게 용서를 빌다.

2001년	5월, 교황으로서 최초로 다마스쿠스에 있는 이슬람 사원 '오마야드 사원(요한 세례자의 무덤)'에서 기도하다.
2003년	83세 생일에 교황이 파킨슨병에 걸린 것으로 공식 확인되다.
	6월, 100번째 해외 순방지로 크로아티아에 가다.
2003년	10월, 카롤 보이티와가 교황으로 선출된 지 25주년 기념일. 교황 재임 기간 동안 요한 바오로 2세는 총 100회에 걸친 해외 여행으로 120개국 이상의 나라를 순방하고, 총 1200만 킬로미터 이상의 길을 지나오다.
2005년 4월 2일	84세로 선종하다.
2009년	12월, 교황 베네딕토 16세는 요한 바오로 2세를 가경자로 선포하다.
2011년	1월, 교황청은 요한 바오로 2세를 복자로 추대하기로 공식 발표하다.

교황 요한 바오로 2세

인류의 빛

© 은미희, 2012

초판 1쇄 인쇄 2012년 6월 5일
초판 1쇄 발행 2012년 6월 20일

지은이   은미희
펴낸이   강병철
주간   정은영
편집   사태희 윤민혜 한승희
디자인   김희숙 조윤주
제작   고성은 김우진
영업   조광진 장성준 이도은 박제연 윤선영
마케팅   전소연 김우리
웹홍보   정의범 조미숙 이혜미

펴낸곳   자음과모음
출판등록   1997년 10월 30일 제313-1997-129호
주소   121-753 서울시 마포구 서교동 396-33번지
전화   편집부 02) 324-2347 경영지원부 02) 325-6047
팩스   편집부 02) 324-2348 경영지원부 02) 2648-1311
이메일   jamoteen@jamobook.com
홈페이지   www.jamo21.net

ISBN 978-89-5707-667-5 (44990)
      978-89-5707-093-2 (set)